Réserve

Yf 631

HERACLIVS
EMPEREVR
D'ORIENT,
TRAGEDIE

Imprimé à Roüen, & se vend
A PARIS,
Chez ANTOINE DE SOMMAVILLE, au Palais,
en la Gallerie des Merciers, à l'Escu de France.

M. DC. XLVII.
AVEC PRIVILEGE DV ROY.

A
MONSEIGNEVR
SEGVIER
CHANCELIER
DE FRANCE.

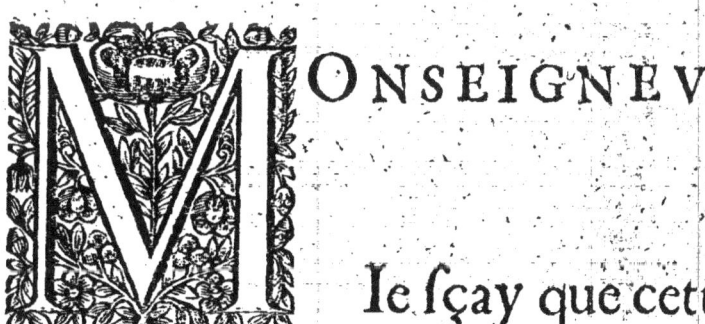ONSEIGNEVR,

Ie sçay que cette Tragedie n'est pas d'vn genre assez releué pour esperer legitimement que vous y

ã ij

EPISTRE.

daigniez jetter les yeux, & que pour offrir quelque chose à V. GRANDEVR qui n'en fust pas entierement indigne, j'aurois eu besoin d'vne parfaite peinture de toute la vertu d'vn Caton, ou d'vn Senecque: mais comme ie taschois d'amasser des forces pour ce grand dessein, les nouuelles faueurs que i'ay receuës de vous m'ont donné vne iuste impatience de les publier, & les applaudissements qui ont suiuy les representations de ce Poëme m'ont fait présumer que sa bonne fortune pourroit suppléer à son peu de merite. La curiosité que son recit a laissée dans les esprits pour sa lecture m'a flatté aisément, iusques à me persuader que ie ne pouuois prendre vne plus heureuse occasion de leur faire sçauoir

EPISTRE.

combien ie vous suis redeuable ; & i'ay précipité ma recognoissance, quand i'ay consideré qu'autant que ie la differerois pour m'en acquiter plus dignement, autant ie demeurerois dans les apparences d'vne ingratitude inexcusable enuers vous. Mais quand mesmes les dernieres obligations que ie vous ay ne m'auroient pas fait cette glorieuse violence, il faut que ie vous aduoüe ingenuëment que les interests de ma propre reputation m'en imposoient vne tres-pressante necessité. Le bonheur de mes ouurages ne la porte en aucun lieu où elle ne demeure fort douteuse, & où l'on ne se deffie auec raison de ce qu'en dit la voix publique, parce qu'aucun d'eux n'y fait cognoistre l'honneur que i'ay d'estre co-

EPISTRE.

gneu de vous. Cependant on sçait par toute l'Europe l'accueil fauorable que V. GRANDEVR fait aux gens de Lettres, que l'accez auprés de vous est ouuert & libre à tous ceux que les sciences ou les talents de l'esprit esleuent au dessus du commun, que les caresses dont vous les honorez sont les marques les plus indubitables & les plus solides de ce qu'ils valent, & qu'enfin nos plus belles Muses que feu Mgr le Cardinal de Richelieu auoit choisies de sa main pour en composer vn corps tout d'esprits, seroient encor inconsolables de sa perte, si elles n'auoient trouué chez V. GRANDEVR la mesme protection qu'elles rencontroient chez son Eminence. Quelle apparence donc qu'en quelque

EPISTRE.

climat où noſtre langue puiſſe auoir entrée, on puiſſe croire qu'vn homme merite quelque veritable eſtime, ſi ſes trauaux n'y portent les aſſeurances de l'eſtat que vous en faites, dans les hommages qu'il vous en doit. Trouuez bon, MONSEIGNEVR, que celuy-cy plus heureux que le reſte des miens affranchiſſe mon nom de la honte de ne vous en auoir point encore rendu, & que pour affermir ce peu de reputation qu'ils m'ont acquis, il tire mes Lecteurs d'vn doute ſi legitime, en leur apprenant, non ſeulement que ie ne vous ſuis pas tout à fait incognu, mais auſſi meſme que voſtre bonté ne deſdaigne pas de reſpandre ſur moy voſtre bien-veillance & vos graces. De ſorte que quand

EPISTRE.

voſtre vertu ne me donneroit pas toutes les paſſions imaginables pour voſtre ſeruice, ie ſerois le plus ingrat de tous les hommes ſi ie n'eſtois toute ma vie tres-veritablement,

MONSEIGNEVR,

Voſtre tres-humble, tres-obeyſſant,
& tres-fidelle ſeruiteur,
CORNEILLE.

AV LECTEVR.

VOICY vne hardie entreprise sur l'Histoire, dont vous ne recognoistrez aucune chose dans cette Tragedie, que l'ordre de la succession des Empereurs Tibere, Maurice, Phocas, & Heraclius. I'ay falsifié la naissance de ce dernier, mais ce n'a esté qu'en sa faueur, & pour luy en donner vne plus illustre, le faisant fils de l'Empereur Maurice, bien qu'il ne le fust que d'vn Preteur d'Afrique de mesme nom que luy: I'ay prolongé la durée de l'Empire de son predecesseur de douze années, & luy ay donné vn fils, quoy que l'histoire n'en parle point, mais seulement d'vne fille nommée Domitia, qu'il maria à vn Priscus, ou Crispus: I'ay prolongé de mesme la vie de l'Imperatrice Constantine, & comme i'ay fait regner ce Tyran vingt ans au lieu de huict, ie n'ay fait mourir cette Princesse que dans la quinziéme année de sa tyrannie, quoy qu'il l'eust sacrifiée à sa seureté auec ses filles dés le cinquiéme. Ie ne me mettray pas en peine de iustifier cette licence que i'ay prise, l'euenement l'a assez iustifiée, & les exemples des Anciens que i'ay rapportez sur Rodogune, semblent l'authoriser suffisamment: mais à parler sans fard, ie ne voudrois pas conseiller à personne de la tirer en exemple. C'est beaucoup hazarder, & l'on n'est pas tousiours heureux, & dans vn dessein de cette nature, ce qu'vn bon succez fait passer pour vne ingenieuse hardiesse, vn mauuais le fait prendre pour vne temerité ridicule.

Baronius parlant de la mort de l'Empereur Maurice & de celle de ses fils que Phocas faisoit immoler à sa veuë, rapporte vne circonstance tres rare, dont i'ay pris l'occasion de former le nœud de cette Tragedie, à qui elle sert de fondement. Cette Nourrice eut tant de zele pour ce malheureux Prince, qu'elle exposa son propre fils au supplice, au lieu d'vn des siens qu'on luy auoit donné à nourrir. Maurice recognut l'échange, & l'empescha par vne consideration pieuse, que cette extermination de toute sa famille estoit vn iuste iugement de Dieu, auquel il n'eust pas creu satisfaire, s'il eust souffert que le sang d'vn autre eust payé pour celuy d'vn de ses fils: Mais quand à ce qui estoit de la mere, elle auoit surmonté l'affection maternelle en faueur de son Prince, & l'on peut dire que son enfant estoit mort pour son regard. Comme i'ay creu que cette action estoit assez genereuse pour meriter vne personne plus illustre à la produire, i'ay fait de cette Nourrice vne Gouuernante. I'ay supposé que l'eschange auoit eu son effet, & de cét enfant sauué par la supposition d'vn autre, i'en ay fait Heraclius, le successeur de Phocas. Bien plus, i'ay feint que cette Leontine ne croyant pas pouuoir cacher long-temps cét enfant que Maurice auoit commis à sa fidelité, veu la recherche exacte que Phocas en faisoit faire, & se voyant mesme desia soupçonnée & preste à estre découuerte, se voulut

ẽ

AU LECTEUR.

mettre dans les bonnes graces de ce Tyran, en luy allant offrir ce petit Prince dont il estoit en peine, au lieu duquel elle luy liura son propre fils Leonce. I'ay adjousté que par cette action Phocas fut tellement gaigné, qu'il creut ne pouuoir remettre son fils Martian aux mains d'vne personne qui luy fust plus acquise, dautant que ce qu'elle venoit de faire l'auoit jettée à ce qu'il croyoit dans vne haine irreconciliable auec les amis de Maurice, qu'il auoit seuls à craindre. Cette faueur où ie la mets auprés de luy donne lieu à vn second eschange d'Heraclius qu'elle nourrissoit comme son fils sous le nom de Leonce, auec Martian que Phocas luy auoit confié. Ie luy fais prendre l'occasion de l'esloignement de ce Tyran, que j'arreste trois ans sans reuenir, à la guerre contre les Perses, & à son retour ie fais qu'elle luy donne Heraclius pour fils, qui est doresnauant esleué auprés de luy, sous le nom de Martian, cependant qu'elle retient le vray Martian auprés d'elle, & le nourrit sous le nom de son Leonce qu'elle auoit exposé pour l'autre. Côme ces deux Princes sont grands, & que Phocas abusé par ce dernier eschange presse Heraclius d'espouser Pulcherie fille de Maurice, qu'il auoit reseruée exprés seule de toute sa famille, afin qu'elle portast par ce mariage le droit & les tiltres de l'Empire dans sa maison, Leontine pour empescher cette alliance incestueuse du frere & de la sœur, aduertit Heraclius de sa naissance. Ie serois trop long si ie voulois icy toucher le reste des incidents d'vn Poëme si embarassé, & me contenteray de vous auoir donné ces lumieres, afin que vous en puissiez commencer la lecture auec moins d'obscurité. Vous vous souuiendrez seulement qu'Heraclius passe pour Martian fils de Phocas, & Martian pour Leonce fils de Leontine, & que Heraclius sçait qui il est & qui est ce faux Leonce, mais que le vray Martian, Phocas ny Pulcherie n'en sçauent rien, non plus que le reste des Acteurs, hors-mis Leontine & sa fille Eudoxe.

On m'a fait quelque scrupule de ce qu'il n'est pas vraysemblable qu'vne mere expose son fils à la mort pour en preseruer vn autre, à quoy i'ay deux responses à faire. La premiere, que nostre vnique Docteur Aristote nous permet de mettre quelquefois des choses qui mesme soyent contre la raison & l'apparence, pourueu que ce soit hors de l'action, ou pour me seruir des termes Latins de ses interpretes, *extra Fabulam*, comme est icy cette supposition d'enfans, & nous donne pour exemple, Oedipe qui ayant tué vn Roy de Thebes l'ignore encor vingt ans apres. L'autre, que l'action estant vraye du costé de la mere, comme i'ay remarqué tantost, il ne faut plus s'informer si elle est vraysemblable, estant certain que toutes les veritez sont receuables dans la Poësie, quoy qu'elle ne soit pas obligée à les suiure. La liberté qu'elle a de s'en escarter n'est pas vne necessité, & la vraysemblance n'est qu'vne condition necessaire à la disposition, & non pas au choix du sujet, ny des incidents qui sont appuyez de l'Histoire. Tout ce qui entre dans le Poëme doit estre croyable, & il l'est selon Aristote par l'vn de ces trois moyens, la verité, la vraysemblance, ou l'opinion commune. I'iray plus outre, & quoy que peut estre on voudra prendre

AU LECTEUR.

cette proposition pour vn Paradoxe, ie ne craindray point d'auancer que le sujet d'vne belle Tragedie doit n'estre pas vraysemblable. La preuue en est aisée par le mesme Aristote, qui ne veut pas qu'on en compose vne d'vn ennemy qui tuë son ennemy, parce que bien que cela soit fort vraysemblable, il n'excite dans l'ame des Spectateurs ny pitié, ny crainte, qui sont les deux passions de la Tragedie; mais il nous renuoye la choisir dans les euenements extraordinaires qui se passent entre personnes proches, comme d'vn pere qui tuë son fils, vne femme son mary, vn frere sa sœur, ce qui n'estant iamais vraysemblable, doit auoir l'authorité de l'Histoire ou de l'opinion commune pour estre creu, si bien qu'il n'est pas permis d'inuenter vn sujet de cette nature. C'est la raison qu'il donne de ce que les Anciens traitoient presque mesmes sujets, d'autant qu'ils rencontroient peu de familles où fussent arriuées de pareils desordres, qui sont les belles & puissantes oppositions du deuoir & de la passion.

Ce n'est pas icy le lieu de m'estendre plus au long sur cette matiere, i'en ay dit ces deux mots en passant, par vne necessité de me defendre d'vne objection qui destruiroit tout mon ouurage, puisqu'elle va à en sapper le fondement, & non par ambition d'estaler mes maximes qui peut-estre ne sont pas generalement aduoüées des Sçauants. Aussi ne donnay-ie icy mes opinions qu'à la mode de M. de Montagne, non pour bonnes, mais pour miennes. Ie m'en suis bien trouué iusqu'à present, mais ie ne tiens pas impossible qu'on reüssisse encor mieux en suiuant les contraires.

ACTEVRS

PHOCAS Empereur d'Orient.

HERACLIVS fils de l'Empereur Maurice, creu Martian fils de Phocas, amant d'Eudoxe.

MARTIAN fils de Phocas, creu Leonce fils de Leontine, amant de Pulcherie.

PVLCHERIE fille de l'Empereur Maurice, maistresse de Martian.

LEONTINE Dame de Constantinople, autrefois Gouuernante d'Heraclius & de Martian.

EVDOXE fille de Leontine, maistresse d'Heraclius.

CRISPE Gendre de Phocas.

EXVPERE Patricien de Constantinople.

AMINTAS amy d'Exupere.

Vn Page de Leontine.

La Scene est à Constantinople.

HERACLIVS
EMPEREVR D'ORIENT
TRAGEDIE.

ACTE I.

SCENE PREMIERE.
PHOCAS, CRISPE.

PHOCAS

CRISPE, il n'est que trop vray, la plus belle Couronne,
N'a que de faux brillants dont l'esclat l'enuironne,
Et celuy dont le Ciel pour vn sceptre fait choix
Iusqu'à ce qu'il le porte en ignore le poids.

A

HERACLIVS

Mille & mille douceurs y semblent attachées
Qui ne sont qu'vn amas d'amertumes cachées,
Qui croit les posseder les sent s'esuanoüyr;
Et la peur de les perdre oste l'heur d'en joüyr.
Sur tout, qui comme moy d'vne obscure naissance
Monte par la reuolte à la toute-puissance,
Qui de simple soldat à l'Empire esleué
Ne l'a que par le crime acquis & conserué,
Autant que sa fureur s'est immolé de testes,
Autant dessus la sienne il croit voir de tempestes,
Et comme il n'a semé qu'espouuante & qu'horreur,
Il n'en recueille en fin que trouble & que terreur.
I'en ay semé beaucoup, & depuis quatre lustres
Mon trône n'est fondé que sur des morts illustres,
Et i'ay mis au tombeau, pour regner sans effroy,
Tout ce que i'en ay veu de plus digne que moy:
Mais le sang respandu de l'Empereur Maurice,
Ses cinq fils à ses yeux enuoyez au supplice,
En vain en ont esté les premiers fondements,
Si pour les esbransler ils seruent d'instruments.
On en fait reuiure vn au bout de vingt années,
Byzance ouure (dis-tu?) l'oreille à ces menées,
Et le peuple amoureux de tout ce qui me nuit
D'vne croyance auide embrasse ce faux bruit.

TRAGEDIE

Impatient desia de se laisser seduire
Au premier imposteur armé pour me destruire,
Qui s'osant reuestir de ce fantosme aymé
Voudra seruir d'idole à son zele charmé.
Mais sçais-tu sous quel nom ce fascheux bruit s'excite?

CRISPE

Il nomme Heraclius celuy qu'il ressuscite.

PHOCAS

Quiconque en est l'autheur deuoit mieux l'inuenter,
Le nom d'Heraclius doit peu m'espouuanter,
Sa mort est trop certaine, & fut trop remarquable
Pour craindre vn grand effet d'vne si vaine fable.
Il n'auoit que six mois, & luy perçant le flanc
On en fit degouster plus de laict que de sang,
Et ce prodige affreux dont ie tremblay dans l'ame,
Fut aussi-tost suiuy de la mort de ma femme.
Il me souuient encor qu'il fut deux iours caché,
Et que sans Leontine on l'eust long-temps cherché,
Il fut liuré par elle, à qui pour recompense
Ie donnay de mon fils à gouuerner l'enfance,
Du ieune Martian, qui d'âge presque esgal
Estoit resté sans mere à ce moment fatal.

A ij

Iuge par là combien ce conte est ridicule.

CRISPE

Tout ridicule il plaist, & le peuple est credule ;
Mais auant qu'à ce conte il se laisse emporter,
Il vous est trop aisé de le faire auorter.
    Quand vous fistes perir Maurice & sa famille,
Il vous en plût, Seigneur, reseruer vne fille,
Et resoudre deslors qu'elle auroit pour espoux
Ce Prince destiné pour regner aprés vous.
Le peuple en sa personne aime encore & reuere
Et son pere Maurice, & son ayeul Tibere,
Et vous verra sans trouble en occuper le rang
S'il voit tomber leur sceptre au reste de leur sang.
Non, il ne courra plus aprés l'ombre du frere,
S'il voit monter la sœur dans le trosne du pere ;
Mais pressez cet Hymen. Le Prince aux champs de
            Mars
Chaque iour, chaque instant s'offre à mille hazards,
Et n'eust esté Leonce, en la derniere guerre
Ce dessein auec luy seroit tombé par terre ;
Puisque sans la valeur de ce ieune guerrier
Martian demeuroit, ou mort, ou prisonnier.
Auant que d'y perir (s'il faut qu'il y perisse)

TRAGEDIE.

Qu'il vous laisse vn nepueu qui le soit de Maurice,
Et qui reünissant l'vne & l'autre maison
Tire chez vous l'amour qu'on garde pour son nom.

PHOCAS.

Helas! dequoy me sert ce dessein salutaire,
Si pour en voir l'effet tout me deuient contraire?
Pulcherie & mon fils ne se trouuent d'accord
Qu'à fuir cet Hymenée à l'esgal de la mort,
Et les auersions entre eux deux mutuelles
Les font d'intelligence à se monstrer rebelles.
La Princesse sur tout fremit à mon aspect,
Et quoy qu'elle estudie vn peu de faux respect,
Le souuenir des siens, l'orgueil de sa naissance
L'emporte à tous moments à brauer ma puissance.
Sa mere que long-temps ie voulus espargner,
Et qu'en vain par douceur j'esperay de gaigner,
L'a de la sorte instruite, & ce que ie voy suiure
Me punit bien du trop que ie la laissay viure.

CRISPE.

Il faut agir de force auec de tels esprits,
Seigneur, & qui les flatte endurcit leurs mespris,
La violence est iuste où la douceur est vaine.

HERACLIVS

PHOCAS.

C'est par là qu'aujourd'huy ie veux dompter sa haine,
Ie l'ay mandée exprés, non plus pour la flatter,
Mais pour prendre mon ordre & pour l'executer.

CRISPE.

Elle entre.

SCENE II.

PHOCAS, PVLCHERIE, CRISPE.

PHOCAS.

EN fin, Madame, il est temps de vous rendre,
Le besoin de l'Estat deffend de plus attendre,
Il luy faut des Cesars, & ie me suis promis
D'en voir naistre bien-tost de vous & de mon fils.
Ce n'est pas exiger grande recognoissance
Des soings que mes bontez ont pris de vostre enfance,

TRAGEDIE.

De vouloir qu'aujourd'huy pour prix de mes bien-faits
Vous daigniez accepter les dons que ie vous fais :
C'est mon trône, & mon fils. Ma patience est lasse,
Ne les rejettez plus, faites-vous cette grace.
Ie vous les offre encore apres tant de refus,
Mais aprenez aussi que ie n'en souffre plus,
Que de force, ou de gré ie me veux satisfaire,
Qu'il me faut craindre en maistre, ou me cherir en pere,
Et que, si vostre orgueil s'obstine à me hayr,
Qui ne peut estre aimé se peut faire obeyr.

PVLCHERIE.

I'ay rendu iusqu'icy cette recognoissance
A ces soins tant vantez, d'esleuer mon enfance,
Que tant qu'on m'a laissée en quelque liberté,
I'ay voulu me deffendre auec ciuilité,
Mais puis qu'on vse en fin d'vn pouuoir tyrannique,
Ie voy bien qu'à mon tour il faut que ie m'explique,
Que ie me monstre entiere à l'injuste fureur,
Et parle à mon tyran en fille d'Empereur.
 Il falloit me cacher auec quelque artifice
Que i'estois Pulcherie, & fille de Maurice,
Si tu faisois dessein de m'esblouyr les yeux
Iusqu'à prendre tes dons pour des dons precieux.

HERACLIVS

Voy quels sont ces presents dont le refus t'estonne;
Tu me donnes, dis-tu, ton fils & ta Couronne,
Mais que me donnes-tu, puisque l'vne est à moy,
Et l'autre en est indigne estant sorty de toy?
Ta liberalité me fait peine à comprendre,
Tu parles de donner, quand tu ne fais que rendre,
Et puisqu'auecque moy tu le veux couronner,
Tu ne me rends mon bien que pour te le donner.
Tu veux que cét Hymen que tu m'oses prescrire
Porte dans ta maison les tiltres de l'Empire,
Et de cruel tyran, d'infame rauisseur,
Te face vray Monarque & iuste possesseur.
Ne reproche donc plus à ma haine indignée
Qu'en perdant tous les miens tu m'as seule espargnée,
Cette feinte douceur, cette ombre d'amitié
Vint de ta Politique & non de ta pitié,
Ton interest deslors fit seul cette reserue,
Tu m'as laissé la vie afin qu'elle te serue,
Et mal seur dans vn trosne où tu crains l'aduenir,
Tu ne m'y veux placer que pour t'y maintenir,
Tu ne m'y fais monter que de peur d'en descendre:
Mais cognoy Pulcherie, & cesse de pretendre.
Ie sçay qu'il m'appartient, ce trône où tu te sieds,
Que c'est à moy d'y voir tout le monde à mes pieds;

Mais

TRAGEDIE

Mais comme il est encor teint du sang de mon pere,
S'il n'est laué du tien il ne me sçauroit plaire,
Et ta mort que mes vœux s'efforcent de haster
Est l'vnique degré par où i'y veux monter.
Voilà quelle ie suis, & quelle ie veux estre ;
Qu'vn autre t'aime en pere où te redoute en maistre,
Le cœur de Pulcherie est trop haut & trop franc,
Pour craindre, ou pour flatter le bourreau de son sang.

PHOCAS.

I'ay forcé ma colere à te prester silence
Pour voir à quel excez iroit ton insolence,
I'ay veu ce qui t'abuse & me fait mespriser,
Et t'aime encore assez pour te desabuser.
N'estime plus mon sceptre vsurpé sur ton pere,
Ny que pour l'appuyer ta main soit necessaire,
Depuis vingt ans ie regne, & ie regne sans toy,
Et i'en eus tout le droit du choix qu'on fit de moy,
Le trosne où ie me sieds n'est pas vn bien de race,
L'armée a ses raisons pour remplir cette place,
Son choix en est le tiltre, & tel est nostre sort
Qu'vne autre eslection nous condamne à la mort.
Celle qu'on fit de moy fut l'arrest de Maurice,
I'en vis auec regret le triste sacrifice,

B

HERACLIVS

Au repos de l'Estat il fallut l'accorder,
Mon cœur qui resistoit fut contraint de ceder;
Mais pour remettre vn iour l'Empire en sa famille
Je fis ce que ie pûs, ie conseruay sa fille,
Et sans auoir besoin de tiltre, ny d'appuy,
Je te fais part d'vn bien qui n'estoit plus à luy.

PVLCHERIE

Vn chetif Centenier des troupes de Mysie,
Qu'vn gros de mutinez esleut par fantaisie,
Oser arrogamment se vanter à mes yeux
D'estre iuste Seigneur du bien de mes ayeux!
Luy qui n'a pour l'Empire autre droit que ses crimes,
Luy qui de tous les miens fit autant de victimes,
Croire s'estre laué d'vn si noir attentat
En imputant leur perte au repos de l'Estat!
Il fait plus, il me croit digne de cette excuse!
Souffre, souffre à ton tour que ie te desabuse,
Apren que si iadis quelques seditions
Vsurperent le droit de ces eslections,
L'Empire estoit chez nous vn bien hereditaire,
Maurice ne l'obtint qu'en gendre de Tibere,
Et l'on voit depuis luy remonter mon destin
Iusques à Theodose, & iusqu'à Constantin.

TRAGEDIE

Et ie pourrois auoir l'ame assez abatuë.

PHOCAS.

Et bien, si tu le veux, ie te le restituë,
Cét Empire, & consents encor que ta fierté
Impute à mes remords l'effet de ma bonté.
Dy que ie te le rends, & te fais des caresses
Pour appaiser des tiens les ombres vangeresses,
Et tout ce qui pourra sous quelque autre couleur,
Authoriser ta haine & flatter ta douleur.
Pour vn dernier effort ie veux souffrir la rage
Qu'allume dans ton cœur cette sanglante image,
Mais que t'a fait mon fils ? estoit-il au berceau
Dès tiens que ie perdis le iuge, ou le bourreau ?
Tant de vertus qu'en luy le monde entier admire
L'ont-elles pas rendu trop digne de l'Empire ?
En ay-ie eu quelque espoir qu'il n'aye assez remply,
Et voit-on sous le Ciel Prince plus accomply ?
Vn cœur comme le tien si grand, si magnanime

PVLCHERIE

Va, ie ne confonds point ses vertus & ton crime,
Comme ma haine est iuste & ne m'aueugle pas,
I'en vois assez en luy pour les plus grands Estats,

B ij

HERACLIVS

J'admire chaque iour les preuues qu'il en donne,
J'honore sa valeur, i'estime sa personne,
Et panche d'autant plus à luy vouloir du bien
Que s'en voyant indigne il ne demande rien,
Que ses longues froideurs tesmoignent qu'il s'irrite
Qu'on exige de moy par-delà son merite,
Et que de tes projets son cœur triste & confus
Pour m'en faire iustice approuue mes refus.
Ce fils si vertueux d'vn pere si coupable,
S'il ne deuoit regner me pourroit estre aimable,
Et cette grandeur mesme où tu le veux porter
Est l'vnique motif qui m'y fait resister.
Apres l'assassinat de ma famille entiere,
Quand tu ne m'as laissé pere, mere, ny frere,
Que i'en face ton fils legitime heritier !
Que j'asseure par là leur trosne au meurtrier !
Non non, si tu me crois le cœur si magnanime
Qu'il ose separer ses vertus de ton crime,
Separe tes presents, & ne m'offre aujourd'huy
Que ton fils sans le sceptre, ou le sceptre sans luy,
Aduise, & si tu crains qu'il te fust trop infame
De remettre l'Empire en la main d'vne femme,
Tu peux dés aujourd'huy le voir mieux occupé,
Le Ciel me rend vn frere à ta rage eschappé,

TRAGEDIE.

On dit qu'*Heraclius* est tout prest de paroistre,
Tyran, descens du trosne, & fay place à ton maistre.

PHOCAS.

A ce conte, arrogante, un fantosme nouueau
Qu'un murmure confus fait sortir d'un tombeau
Te donne cette audace & cette confiance?
Ce bruit s'est fait desia digne de ta croyance,
Mais....

PVLCHERIE.

   Ie sçay qu'il est faux, pour t'asseurer ce rang
Ta rage eut trop de soin de verser tout mon sang.
Mais la soif de ta perte en cette conjopcture
Me fait aimer l'autheur d'une belle imposture.
Au seul nom de *Maurice* il te fera trembler,
Puis qu'il se dit son fils il veut luy ressembler,
Et cette ressemblance où son courage aspire
Merite mieux que toy de goûterner l'Empire.
J'iray par mon suffrage affermir cette erreur,
L'aduoüer pour mon frere & pour mon Empereur,
Et dedans son party jetter tout l'auantage
Du peuple cönuaincu par mon premier hommage.
Toy, si quelque remords te donne un iuste effroy,

HERACLIVS

Sors du trosne, & te laisse abuser comme moy,
Pren cette occasion de te faire iustice.

PHOCAS.

Ouy, ie me la feray bien-tost par ton supplice,
Ma bonté ne peut plus arrester mon deuoir,
Ma patience a fait par-delà son pouuoir,
Qui se laisse outrager merite qu'on l'outrage,
Et l'audace impunie enfle trop vn courage.
Tonne, menace, braue, espere en de faux bruits,
Fortifie, affermy ceux qu'ils auront seduits,
Dans ton ame à ton gré change ma destinée,
Mais choisi pour demain la mort, ou l'Hymenée.

PVLCHERIE.

Il n'est pas pour ce choix besoin d'vn grand effort
A qui hait l'Hymenée & ne craint pas la mort.

TRAGEDIE.

SCENE III.
PHOCAS, PVLCHERIE, HERACLIVS creu Martian, MARTIAN creu Leonce, CRISPE.

PHOCAS à Pulcherie.

Oy si tu veux encor que ton cœur la souhaite,
Approche, Martian, que ie te le repete,
Cette ingrate furie après tant de mespris,
Conspire encor la perte & du pere & du fils,
Elle mesme a semé cette erreur populaire
D'vn faux Heraclius qu'elle accepte pour frere,
Mais quoy qu'à ces mutins elle puisse imposer,
Demain ils la verront mourir, ou t'espouser.

HERACLIVS creu Martian.

Seigneur...

HERACLIVS
PHOCAS.

Garde sur toy d'attirer ma colere.

HERACLIVS creu Martian.

Deuſſay-ie mal vſer de cet amour de pere,
Eſtant ce que ie ſuis ie me dois quelque effort,
Pour vous dire, Seigneur, que c'eſt vous faire tort,
Et que c'eſt trop monſtrer d'injuſte deffiance
De ne pouuoir regner que par ſon alliance,
Sans prendre vn nouueau droit du nom de ſon eſpoux,
Ma naiſſance ſuffit pour regner apres vous ;
I'ay du cœur, & tiendrois l'Empire meſme infame
S'il falloit le tenir de la main d'vne femme.

PHOCAS.

Et bien, elle mourra, tu n'en as pas beſoin.

HERACLIVS creu Martian.

De vous-meſme, Seigneur, daignez mieux prendre ſoin.
Le peuple aime Maurice, en perdre ce qui reſte
Peut rendre ce tumulte au dernier point funeſte :
Au nom d'Heraclius à demy ſouſleué
Vous verriez par ſa mort le deſordre acheué.

Il

TRAGEDIE

Il vaut mieux la prier du rang qu'elle rejette,
Faire regner vne autre, & la laisser sujette,
Et d'vn party plus bas punissant son orgueil.

PHOCAS.

Quand Maurice peut tout du creux de son cercueil,
A ce fils supposé dont il me faut defendre,
Tu parles d'adjouster vn veritable gendre?

HERACLIVS creu Martian.

Seigneur, i'ay des amis chez qui cette moitié

PHOCAS.

A l'espreuue d'vn sceptre il n'est point d'amitié,
Point qui ne s'esblouysse à l'esclat de sa pompe,
Point qu'apres son Hymen sa haine ne corrompe.
Elle mourra, te dis-ie.

PVLCHERIE.

Ah! ne m'empeschez pas
De rejoindre les miens par vn heureux trespas.
La vapeur de mon sang ira grossir le foudre
Que Dieu tient desia prest à le reduire en poudre,
Et ma mort en seruant de comble à tant d'horreurs

C

HERACLIVS PHOCAS.

Par ses remerciemens iuge de ses fureurs,
I'ay prononcé l'Arrest, il faut que l'effet suiue,
Resou-la de t'aimer si tu veux qu'elle viue,
Sinon, i'en iure encor, & ne t'escoute plus,
Son trespas dés demain punira ses refus.

SCENE IV.

PVLCHERIE, HERACLIVS creu Martian, MARTIAN creu Leonce.

HERACLIVS creu Martian.

EN vain il se promet que sous cette menace
Il espere en vostre cœur surprendre quelque place,
Vostre refus est iuste, & i'en sçay les raisons;
Ce n'est pas à nous deux d'vnir les deux maisons;
D'autres destins, Madame, attendent l'vn & l'autre,
Ma foy m'engage ailleurs aussi bien que la vostre:

TRAGEDIE.

Vous aurez en Leonce vn digne possesseur,
Ie seray trop heureux d'en posseder la sœur,
Ce guerrier vous adore, & vous l'aymez de mesme,
Ie suis aymé d'Eudoxe autant comme ie l'ayme,
Leontine leur mere est propice à nos vœux,
Et quelque effort qu'on face à rompre ces beaux nœuds,
D'vn amour si parfait les chaisnes sont si belles
Que nos captiuitez doiuent estre eternelles.

PVLCHERIE.

Seigneur, vous cognoissez ce cœur infortuné,
Leonce y peut beaucoup, vous me l'auez donné,
Et vostre main illustre augmente le merite
Des vertus dont l'esclat pour luy me sollicite,
Mais à d'autres pensers il me faut recourir,
Il n'est plus temps d'aymer alors qu'il faut mourir,
Et quand à ce depart vne ame se prepare,

HERACLIVS creu Martian.

Redoutez vn peu moins les rigueurs d'vn barbare.
Pardonnez-moy ce mot, pour vous seruir d'appuy,
I'ay peine à recognoistre encore vn pere en luy:
Resolu de perir pour vous sauuer la vie,
Ie sens tous mes respects ceder à cette enuie,

C ij

Ie ne suis plus son fils s'il en veut à vos iours,
Et mon cœur tout entier vole à voſtre secours.

PVLCHERIE.

C'eſt donc auec raiſon que ie commence à craindre,
Non la mort, non l'Hymen où l'on me veut contraindre,
Mais ce peril extreſme où pour me ſecourir
Ie voy voſtre grand cœur aueuglement courir.

MARTIAN creu Leonce.

Ah mon Prince, ah Madame, il vaut mieux vous reſou-
Par vn heureux Hymen à diſſiper ce foudre: (dre
Au nom de voſtre amour, & de voſtre amitié,
Prenez de voſtre ſort tous deux quelque pitié,
Que la vertu du fils ſi pleine & ſi ſincere
Vainque la iuſte horreur que vous auez du pere,
Et pour mon intereſt n'expoſez pas tous deux.

HERACLIVS creu Martian.

Que me dis-tu, Leonce, & qu'eſt-ce que tu veux?
Tu m'as ſauué la vie, & pour recognoiſſance
Ie voudrois à tes feux oſter leur recompenſe,
Et miniſtre inſolent d'vn Prince furieux,
Couurir de cette honte vn nom ſi glorieux,

TRAGEDIE.

Ingrat à mon amy, perfide à ce que j'ayme,
Cruel à la Princesse, odieux à moy-mesme?
Ie te cognoy, Leonce, & mieux que tu ne crois,
Ie sçay ce que tu vaux, & ce que ie te dois.
Son bonheur est le mien, Madame, & ie vous donne
Leonce & Martian en la mesme personne,
C'est Martian en luy que vous favorisez.
Opposons la constance aux perils opposez,
Ie vay prés de Phocas essayer la priere,
Et si ie n'en obtiens la grace toute entiere,
Malgré le nom de pere, & le tiltre de fils
Ie deuiens le plus grand de tous ses ennemis:
Ouy, si sa cruauté s'obstine à vostre perte,
J'iray pour l'empescher iusqu'à la force ouuerte,
Et puisse, si le Ciel m'y voit rien espargner,
Vn faux Heraclius en ma place regner.
Adieu, Madame.

PVLCHERIE.

Adieu, Prince trop magnanime,
Prince digne en effet d'vn trosne acquis sans crime,
Digne d'vn autre pere. Ah Phocas, ah tyran,
Se peut-il que ton sang ait formé Martian?
Mais allons, cher Leonce, admirant son courage,

Heracli
s'en va
Pulcher
continu

HERACLIVS

T'ascher de nostre part à repousser l'orage.
Tu t'es fait des amis, ie sçay des mescontents,
Le peuple est esbranslé, ne perdons point ce temps,
L'honneur te le commande, & l'amour t'y conuie.

MARTIAN creu Leonce.

Pour ostage en ses mains ce Tigre a vostre vie,
Et ie n'oseray rien qu'auec vn iuste effroy
Qu'il ne vange sur vous ce qu'il craindra de moy.

PVLCHERIE.

N'importe, à tout oser le peril doit contraindre,
Il ne faut craindre rien quand on a tout à craindre,
Allons examiner pour ce coup genereux
Les moyens les plus prompts & les moins dangereux.

Fin du premier Acte.

TRAGEDIE

ACTE II

SCENE PREMIERE.
LEONTINE, EVDOXE.

LEONTINE.

Oilà ce que i'ay craint de son ame enflamée.

EVDOXE.

S'il m'eust caché son sort il m'auroit mal-aimée.

LEONTINE.

Auec trop d'imprudence il vous l'a reuelé,
Vous estes fille, Eudoxe, & vous auez parlé.
Vous n'auez pû sçauoir cette grande nouuelle

Sans la dire à l'aureille à quelque ame infidelle,
A quelque esprit leger, ou de vostre heur jaloux,
Et qui ce grand secret a pesé comme à vous.
C'est par là qu'il est sceu, c'est par là qu'on publie
Ce prodige estonnant d'Heraclius en vie,
C'est par là qu'vn tyran plus instruit que troublé
De l'ennemy secret qui l'auroit accablé,
Adjoustera bien-tost sa mort à tant de crimes,
Et se sacrifiera pour nouuelles victimes
Ce Prince dans son sein pour son fils esleué,
Vous qu'adore son ame, & moy qui l'ay sauué.
Voyez combien de maux pour n'auoir sçeu vous taire.

EVDOXE

Madame, mon respect souffre tout d'vne mere,
Qui pour peu qu'elle veüille escouter la raison
Ne m'accusera plus de cette trahison:
Car c'en est vne enfin bien digne de supplice,
Qu'auoir d'vn tel secret donné le moindre indice.

LEONTINE

Et qui donc aujourd'huy le fait cognoistre à tous?
Est-ce le Prince, ou moy?

EVDOXE

TRAGEDIE

EVDOXE.

      Ny le Prince, ny vous,
De grace examinez ce bruit qui vous alarme,
On dit qu'il est en vie, & son nom seul les charme:
On ne dit point comment vous trompastes Phocas
Liurant vn de vos fils pour ce Prince au trespas,
Ny comme apres du sien estant la gouuernante,
Par vne tromperie encor plus importante,
Vous en fistes l'eschange, & prenant Martian
Vous laissastes pour fils ce Prince à son tyran:
De sorte que le sien passe icy pour mon frere,
Cependant que de l'autre il croit estre le pere,
Et voit en Martian Leonce qui n'est plus,
Tandis que sous ce nom il ayme Heraclius.
On diroit tout cela si par quelque imprudence
Il m'estoit eschappé d'en faire confidence:
Mais pour toute nouuelle on dit qu'il est viuant,
Aucun n'ose pousser l'histoire plus auant,
Comme ce sont pour tous des routes inconnuës,
Il semble à quelques-vns qu'il doit tomber des nuës,
Et i'en sçay tel qui croit dans sa simplicité
Que pour punir Phocas Dieu l'a ressuscité.
Mais le voicy.

           D

HERACLIVS

SCENE II.

HERACLIVS, LEONTINE, EVDOXE.

HERACLIVS.

Madame, il n'est plus temps de taire
D'vn si profond secret le dangereux mystere ;
Le tyran alarmé du bruit qui le surprend
Rend ma crainte trop iuste, & le peril trop grand.
Non que de ma naissance il face conjecture,
Au contraire il prend tout pour grossiere imposture,
Et me cognoist si peu, que pour la renuerser
A l'Hymen qu'il souhaite il pretend me forcer.
Il m'oppose à mon nom qui le vient de surprendre,
Ie suis fils de Maurice, il m'en veut faire gendre,
Et s'acquerir les droits d'vn Prince si chery
En me donnant moy-mesme à ma sœur pour mary.

TRAGEDIE

En vain nous resistons à son impatience,
Elle par haine aueugle, & moy par cognoissance,
Luy, qui ne conçoit rien de l'obstacle éternel
Qu'oppose la nature à ce nœud criminel,
Menace Pulcherie au refus obstinée,
Luy propose à demain la mort, ou l'Hymenée;
J'ay fait pour le fléchir vn inutile effort,
Pour éuiter l'inceste elle n'a que la mort.
Jugez s'il n'est pas temps de monstrer qui nous sommes,
De cesser d'estre fils du plus meschant des hommes,
D'immoler mon tyran aux perils de ma sœur,
Et de rendre à mon pere vn iuste successeur.

LEONTINE.

Puisque vous ne craignez que sa mort, ou l'inceste,
Ie rends graces, Seigneur, à la bonté celeste,
De ce qu'en ce grand bruit le sort nous est si doux
Que nous n'auons encor rien à craindre pour vous.
Vostre courage seul nous donne lieu de craindre,
Moderez-en l'ardeur, daignez vous y contraindre,
Et puisqu'aucun soupçon ne dit rien à Phocas,
Soyez encor son fils, & ne vous monstrez pas
De quoy que ce tyran menace Pulcherie,
I'auray trop de moyens d'arrester sa furie,

D ij

De rompre cet Hymen ou de le retarder,
Pourueu que vous veüilliez ne vous point hazarder.
Respondez-may de vous, & ie vous responds d'elle.

HERACLIVS.

Iamais l'occasion ne s'offrira si belle,
Vous voyez vn grand peuple à demy reuolté,
Sans qu'on sçache l'autheur de cette nouueauté:
Il semble que de Dieu la main appesantie,
Se faisant du tyran l'effroyable partie,
Veüille auancer par là son iuste chastiment,
Et que par ce grand bruit semé confusément
Il dispose les cœurs à prendre vn nouueau maistre,
Et presse Heraclius de se faire cognoistre.
C'est à nous à respondre à ce qu'il en pretend,
Monstrons Heraclius au peuple qui l'attend:
Euitons le hazard qu'vn imposteur l'abuse,
Et qu'apres s'estre armé d'vn nom que ie refuse
De ce trosne à Phocas sous ce tiltre arraché
Il puisse me punir de m'estre trop caché.
Il ne sera pas temps, Madame, de luy dire
Qu'il me rende mon nom, ma naissance, & l'Empire,
Quand il se préuaudra de ce nom desia pris
Pour me joindre au tyran dont ie passe pour fils.

TRAGEDIE

LEONTINE

Sans vous donner pour Chef à cette populace,
Ie rompray bien encor ce coup, s'il vous menace.
Mais gardons iusqu'au bout ce secret important,
Fiez vous plus à moy qu'à ce peuple inconstant,
Ce que i'ay fait pour vous depuis vostre naissance
Semble digne, Seigneur, de cette confiance,
Ie ne laisseray point mon ouurage imparfait,
Et bien-tost mes desseins auront leur plein effet.
Ie puniray Phocas, ie vangeray Maurice,
Mais aucun n'aura part à ce grand sacrifice,
I'en veux toute la gloire, & vous me la deuez,
Vous regnerez par moy, si par moy vous viuez,
Laissez entre mes mains meurir vos Destinées,
Et ne hazardez point le fruit de vingt années.

EVDOXE

Seigneur, si vostre amour peut écouter mes pleurs,
Ne vous exposez point au dernier des malheurs.
La mort de ce tyran, quoy que trop legitime,
Aura dedans vos mains l'image d'vn grand crime,
Le peuple pour miracle osera maintenir
Que le Ciel par son fils l'aura voulu punir,

HERACLIVS

Et sa haine obstinée apres cette Chimere
Vous croira parricide en vangeant vostre pere.
La verité n'aura ny le nom, ny l'effet,
Que d'vn adroit mensonge à couurir ce forfait,
Et d'vne telle erreur l'ombre sera trop noire
Pour ne pas obscurcir l'esclat de vostre gloire.
Ie sçay bien que l'ardeur de vanger vos parents

HERACLIVS

Vous en estes aussi, Madame, & ie me rends,
Ie n'examine rien, & n'ay pas la puissance
De combatre l'amour & la recognoissance.
Le secret est à vous, & ie serois ingrat
Si sans vostre congé i'en osois faire esclat,
Puisque sans vostre adueu toute mon aduanture
Passeroit pour vn songe ou pour vne imposture.
Ie diray plus, l'Empire est plus à vous qu'à moy,
Puisqu'à Leonce mort tout entier ie le doy.
C'est le prix de son sang, c'est pour y satisfaire
Que ie rends à la sœur ce que ie tiens du frere,
Non que pour m'acquiter par cette eslection
Mon deuoir ait forcé mon inclination.
Il presenta mon cœur aux yeux qui le charmerent,
Il prepara mon ame aux feux qu'ils allumerent,

TRAGEDIE.

Et ces yeux tout diuins par vn soudain pouuoir
Acheuerent sur moy l'effet de ce deuoir.
Ouy, mon cœur, chere Eudoxe, à ce trône n'aspire
Que pour vous voir bien-tost maistresse de l'Empire,
Ie ne me suis voulu jetter dans le hazard
Que par la seule soif de vous en faire part,
C'estoit là tout mon but. Pour euiter l'inceste,
Ie n'ay qu'à m'esloigner de ce climat funeste ;
Mais si ie me desrobe au rang qui vous est deu,
Ce sera pour moy seul que vous l'aurez perdu,
Seul ie vous osteray ce que ie vous dois rendre,
Disposez des moyens & du temps de le prendre,
Quand vous voudrez regner faites-m'en possesseur,
Mais comme enfin i'ay lieu de craindre pour ma sœur,
Tirez-la dans ce iour de ce peril extréme,
Ou demain ie ne prends conseil que de moy-mesme.

LEONTINE.

Reposez-vous sur moy, Seigneur, de tout son sort,
Et n'en apprehendez ny l'Hymen, ny la mort.

SCENE III
LEONTINE, EVDOXE.

LEONTINE

Ce n'est plus auec vous qu'il faut que ie desguise,
A ne vous rien cacher son amour m'authorise,
Vous sçaurez les desseins de tout ce que i'ay fait,
Et me pourrez seruir à presser leur effet.
Nostre vray Martian adore la Princesse;
Animons toutes deux l'amant pour la maistresse,
Faisons que son amour nous vange de Phocas,
Et de son propre fils arme pour nous le bras.
Si i'ay pris soin de luy, si ie l'ay laissé viure,
Si ie perdis Leonce, & ne le fis pas suiure,
Ce fut sur l'espoir seul qu'vn iour pour s'agrandir
A ma pleine vangeance il pourroit s'enhardir,
Ie ne l'ay conserué que pour ce parricide.

EVDOXE.

Ah, Madame!

LEON-

TRAGEDIE
LEONTINE.

Ce mot desia vous intimide!
C'est à de telles mains qu'il nous faut recourir,
C'est par là qu'vn tyran est digne de perir,
Et le couroux du Ciel pour en purger la Terre
Nous doit vn parricide au refus du tonnerre.
C'est à nous qu'il remet de l'y précipiter,
Phocas le commettra s'il le peut éuiter,
Et nous immolerons au sang de vostre frere
Le pere par le fils, ou le fils par le pere,
L'ordre est digne de nous, le crime est digne d'eux,
Sauuons Heraclius au peril de tous deux.

EVDOXE.

Ie sçay qu'vn parricide est digne d'vn tel pere,
Mais ie croy qu'vn tel fils est indigne d'en faire,
Et que tant de vertu merite aucunement
Qu'on abuse vn peu moins de son aueuglement.

LEONTINE.

Dans le fils d'vn tyran l'odieuse naissance
Merite que l'erreur arrache l'innocence,
Et que de quelque esclat qu'il se soit reuestu
Vn crime qu'il ignore en soüille la vertu.

E

PAGE.

Exupere, Madame, est là qui vous demande.

LEONTINE.

Exupere! à ce nom que ma surprise est grande!
Qu'il entre. A quel dessein vient-il parler à moy?
Luy que ie ne voy point? qu'à peine ie cognoy!
Dans l'ame il hait Phocas qui s'immola son pere,
Et sa venuë icy cache quelque mystere,
Ie vous l'ay desia dit, vostre langue nous perd.

SCENE IV

EXVPERE, LEONTINE, EVDOXE.

EXVPERE.

Madame, Heraclius vient d'estre descouuert.

LEONTINE à Eudoxe.

Hé bien!

TRAGEDIE

EVDOXE.
Si...

LEONTINE.
Taisez-vous. Depuis quand?

EXVPERE.
Tost à l'heure.

LEONTINE.
Et desia l'Empereur a commandé qu'il meure?

EXVPERE.
Le tyran est bien loin de s'en voir esclaircy.

LEONTINE.
Comment?

EXVPERE.
Ne craignez rien, Madame, le voicy.

LEONTINE.
Ie ne voy que Leonce.

EXVPERE.
Ah, quittez l'artifice.

E ij

SCENE V.

MARTIAN creu Leonce, LEONTINE, EXVPERE, EVDOXE.

MARTIAN creu Leonce.

MAdame, dois-je croire vn billet de Maurice ?
Voyez si c'est sa main, ou s'il est contrefait,
Dites s'il me detrompe, ou m'abuse en effet,
Si ie suis vostre fils, ou s'il estoit mon pere,
Vous en deuez cognoistre encor le caractere.

LEONTINE lit.

Leontine a trompé Phocas,
Et liurant pour mon fils vn des siens au trespas,
Desrobe à sa fureur l'heritier de l'Empire ;
O vous qui me restez de fidelles sujets,
Honorez son grand zele, appuyez ses projets,
Sous le nom de Leonce Heraclius respire.

MAVRICE.

TRAGEDIE.

  Seigneur, il vous dit vray, vous estiez en mes mains   Elle ʃɛ
Quand on ouurit Byzance au pire des humains,   le billet
Maurice m'honora de cette confiance,   Exupere
Mon zele y respondit par-delà sa croyance;   qui le
Le voyant prisonnier & ses quatre autres fils,   a doné
Ie cachay quelques iours ce qu'il m'auoit commis,   continu
Mais enfin toute preste à me voir descouuerte,
Ce zele sur mon sang destourna vostre perte,
I'allay pour vous sauuer vous offrir à Phocas,
Mais j'offris vostre nom, & ne vous donnay pas;
La genereuse ardeur de suiette fidelle
Me rendit pour mon Prince à moy-mesme cruelle,
Mon fils fut pour mourir le fils de l'Empereur,
I'esblouys le tyran, ie trompay sa fureur,
Leonce au lieu de vous luy seruit de victime.
Ah! pardonnez de grace, il m'eschappe sans crime,   Elle fait
I'ay pris pour vous sa vie, & luy rends vn souspir,   souspir
Ce n'est pas trop, Seigneur, pour vn tel souuenir,
A cét illustre effort par mon deuoir reduite,
I'ay dompté la nature & ne l'ay pas destruite.
Phocas rauy de ioye à cette illusion
Me combla de faueurs auec profusion,
Et nous fit de sa main cette haute fortune,
Dont il n'est pas besoin que ie vous importune.

*Voilà ce que mes soins vous laiſſoient ignorer,
Et j'attendois, Seigneur, à vous le declarer
Que par vos grands exploits voſtre rare vaillance
Peuſt faire à l'Vniuers croire voſtre naiſſance,
Et qu'vne occaſion pareille à ce grand bruit
Nous peuſt de ſon adueu promettre quelque fruit.
Car comme j'ignorois que noſtre grand Monarque
En euſt pû rien ſçauoir, ou laiſſer quelque marque,
Ie doutois qu'vn ſecret n'eſtant ſçeu que de moy
Sous vn tyran ſi craint peuſt trouuer quelque foy.*

EXVPERE.

*Comme ſa cruauté pour mieux geſner Maurice
Le forçoit de ſes fils à voir le ſacrifice,
Ce Prince vit l'eſchange, & l'alloit empeſcher,
Mais l'acier des bourreaux fut plus prompt à trancher,
La mort de voſtre fils arreſta cette enuie
Et preuint d'vn moment le refus de ſa vie.
Maurice à quelque eſpoir ſe laiſſant lors flatter
S'en ouurit à Felix qui vint le viſiter,
Et trouua les moyens de luy donner ce gage
Qui vous en pûſt vn iour rendre vn haut teſmoignage,
Felix eſt mort, Madame, & n'aguere en mourant
Il remit ce depoſt à ſon plus cher parent,*

TRAGEDIE.

Et m'ayant tout conté, tien, dit-il, Exupere,
Sers ton Prince, & vange ton pere.

Armé d'vn tel secret, Seigneur, i'ay voulu voir
Combien parmy le peuple il auroit de pouuoir,
I'ay fait semer ce bruit sans vous faire cognoistre,
Et voyant tous les cœurs vous souhaiter pour maistre,
I'ay ligué du tyran les secrets ennemis,
Mais sans leur descouurir plus qu'il ne m'est permis,
Ils aiment vostre nom sans sçauoir dauantage,
Et cette seule joye anime leur courage,
Sans qu'autre que les deux qui vous parloient là bas,
De tout ce qu'elle a fait sçachent plus que Phocas.
Vous venez de sçauoir ce que vous vouliez d'elle,
C'est à vous à respondre à son genereux zele,
Le peuple est mutiné, nos amis assemblez,
Le tyran effrayé, ses confidents troublez,
Donnez l'adueu du Prince à sa mort qu'on apreste,
Et ne desdaignez pas d'ordonner de sa teste.

MARTIAN croyant estre Heraclius.

Surpris des nouueautez d'vn tel euenement
Ie demeure à vos yeux muet d'estonnement.
Ie sçay ce que ie dois, Madame, au grand seruice
Dont vous auez sauué l'heritier de Maurice,

HERACLIVS

Ie croyois comme fils deuoir tout à vos soins,
Et ie vous doy bien plus lors que ie vous fais moins:
Mais pour vous expliquer toute ma gratitude
Mon ame a trop de trouble, & trop d'inquietude.
I'aymois, vous le sçauez, & mon cœur enflamé
Trouue enfin vne sœur dedans l'objet aymé,
Ie perds vne maistresse en gaignant vn Empire,
Mon amour en murmure, & mon cœur en souspire,
Et de mille pensers mon esprit agité
Paroist enseuely dans la stupidité.
Il est temps d'en sortir, l'honneur nous le commande,
Il faut donner vn Chef à vostre illustre bande,
Allez, braue Exupere, allez ie vous rejoins,
Souffrez que ie luy parle vn moment sans tesmoins,
Disposez cependant vos amis à bien faire,
Sur tout sauuons le fils en immolant le pere,
Il n'eut rien du tyran qu'vn peu de mauuais sang
Dont la derniere guerre a trop purgé son flanc.

EXVPERE.

Nous vous rendrons, Seigneur, entiere obeyssance,
Et vous allons attendre auec impatience,

SCENE

TRAGEDIE.

SCENE VI.

MARTIAN croyant estre Heraclius,
LEONTINE, EVDOXE.

MARTIAN croyant estre Heraclius.

Madame, pour laisser toute sa dignité
A ce dernier effort de generosité,
Ie croy que les raisons que vous m'auez données
M'en ont seules caché le secret tant d'années.
D'autres soupçonneroient qu'vn peu d'ambition
Du Prince Martian voyant la passion,
Pour luy voir sur le trosne esleuer vostre fille,
Auroit voulu laisser l'Empire en sa famille,
Et me faire trouuer vn tel destin bien doux
Dans l'eternelle erreur d'estre sorty de vous;
Mais ie tiendrois à crime vne telle pensée,
Ie me plains seulement d'vne ardeur insensée,
D'vn detestable amour que pour ma propre sœur
Vous mesme vous auez allumé dans mon cœur.

F

HERACLIVS

Quel dessein faisiez-vous sur cét aueugle inceste ?

LEONTINE.

Ie vous aurois tout dit auant ce nœud funeste,
Et ie le craignois peu, trop seure que Phocas
Ayant d'autres desseins ne le souffriroit pas.
Ie voulois donc, Seigneur, qu'vne flame si belle
Portast vostre courage aux vertus dignes d'elle,
Et que vostre valeur l'ayant sçeu meriter
Le refus du tyran vous peust mieux irriter.
Vous n'auez pas rendu mon esperance vaine,
I'ay veu dans vostre amour vne source de haine,
Et j'ose dire encor qu'vn bras si renommé
Peut-estre auroit moins fait si le cœur n'eust aimé,
Acheuez donc, Seigneur, d'arracher Pulcherie
Au cruel attentat d'vne indigne furie.

MARTIAN croyant estre Heraclius.

Peut-estre il vaudroit mieux moy-mesme la porter
A ce que le tyran tesmoigne en souhaiter.
Son amour qui pour moy resiste à sa colere
N'y resistera plus quand ie seray son frere,
Pourrois-je luy trouuer vn plus illustre espoux ?

TRAGEDIE.

LEONTINE.

Seigneur, qu'allez-vous faire, & que me dites-vous?

MARTIAN croyant estre Heraclius.

Que peut-estre pour rompre vn si digne Hymenée
I'expose à tort sa teste auec ma destinée,
Et fais d'Heraclius vn chef de conjurez,
Dont ie voy les complots encor mal asseurez.
Aucun d'eux du tyran n'approche la personne,
Et quand mesme l'issuë en pourroit estre bonne,
Peut-estre il m'est honteux de reprendre l'Estat
Par l'infame succez d'vn lasche assassinat :
Peut-estre il vaudroit mieux en teste d'vne armée
Faire parler pour moy toute ma renommée,
Et trouuer à l'Empire vn chemin glorieux
Pour vanger mes parents d'vn bras victorieux.
C'est dont ie vay resoudre auec cette Princesse
Pour qui non plus l'amour, mais le sang m'interesse.
Vous auec vostre Eudoxe...

LEONTINE.

Ah, Seigneur, escoutez.

MARTIAN croyant estre Heraclius.

J'ay besoin de conseils dans ces difficultez,
Mais, à parler sans fard, pour escouter les vostres,
Outre mes interests vous en auez trop d'autres.
Ie ne soupçonne point vos vœux ny vostre foy,
Mais ie ne veux d'auis que d'vn cœur tout à moy.
Adieu.

SCENE VII.
LEONTINE, EVDOXE.
LEONTINE.

Tout me confond, tout me deuient contraire,
Ie ne say rien du tout quand ie pense tout faire,
Et lors que le hazard me flatte auec excez,
Tout mon dessein auorte au milieu du succez.
Il semble qu'vn Démon funeste à sa conduite
Des beaux commencements empoisonne la suite,

TRAGEDIE.

Ce billet dont ie voy Martian abusé
Fait plus en ma faueur que ie n'aurois osé,
Il arme puissamment le fils contre le pere;
Mais comme il a leué le bras en qui j'espere,
Sur le point de frapper, ie vois auec regret
Que la nature y forme vn obstacle secret.
La verité le trompe, & ne le peut seduire,
Il sauue en reculant ce qu'il croit mieux destruire,
Il doute, & du costé que ie le voy pancher
Il va presser l'inceste au lieu de l'empescher.

EVDOXE.

Madame, pour le moins vous auez cognoissance
De l'autheur de ce bruit & de mon innocence :
Mais ie m'estonne fort de voir à l'abandon
Du Prince Heraclius les droits auec le nom;
Ce billet confirmé par vostre tesmoignage
Pour monter dans le trône est vn grand auantage.
Si Martian le peut sous ce tiltre occuper,
Pensez-vous qu'il se laisse aisément détromper,
Et qu'au premier moment qu'il vous verra desdire
Aux mains de son vray maistre il remette l'Em-
  pire?

HERACLIVS

LEONTINE.

Vous estes curieuse, & voulez trop sçauoir,
N'ay-ie pas desia dit que i'y sçauray pouruoir?
Taschons sans plus tarder à reuoir Exupere
Pour prendre en ce desordre vn conseil salutaire.

Fin du second Acte.

TRAGEDIE.

ACTE III.

SCENE PREMIERE.
MARTIAN croyant estre Heraclius, PVLCHERIE.

MARTIAN croyant estre Heraclius.

JE veux bien l'aduöuer, Madame (car mon cœur
A de la peine encore à vous nomer ma sœur)
Quand malgré ma fortune à vos pieds abaissée
J'osay iusques à vous esleuer ma pensée,
Plus plein d'estonnement que de timidité
J'interrogeois ce cœur sur sa temerité,
Et dans ses mouuemens pour secrette response
Ie sentois quelque chose au dessus de Leonce,

Dont malgré ma raison l'imperieux effort
Emportoit mes desirs au delà de mon sort.

PVLCHERIE.

Moy-mesme assez souuent j'ay senty dans mon ame
Ma naissance en secret me reprocher ma flame :
Mais quoy, l'Imperatrice à qui ie dois le iour
Auoit innocemment fait naistre cet amour.
Ie touchois à quinze ans, alors qu'empoisonnée
Pour auoir contredit mon indigne Hymenée,
Cette pauure Princesse en rendant les abois,
Ma fille (*vn grand souspir arresta là sa voix*)
Le tyran, *me dit-elle*, à son fils vous destine,
Mais prenez vn espoux des mains de Leontine,
Elle garde vn thresor qui vous sera bien cher.
Cet ordre en sa faueur me sçeut si bien toucher,
Qu'au lieu de la hayr d'auoir liuré mon frere,
I'en tins le bruit pour faux, elle me deuint chere,
Et confondant ces mots de tresor & d'espoux
Ie crûs les bien entendre expliquant tout de vous.
J'opposois de la sorte à ma fiere naissance
Les fauorables loix de mon obeyssance,
Et ie m'imputois mesme à trop de vanité
De trouuer entre nous, quelque inégalité,

La

TRAGEDIE. 49

La race de Leonce estant Patricienne,
L'esclat de vos vertus l'esgaloit à la mienne,
Et ie me laissois dire en mes douces erreurs,
C'est de pareils Heros qu'on fait les Empereurs,
Tu peux bien sans rougir aymer vn grand courage
A qui le monde entier peut rendre vn iuste hommage,
I'escoutois sans desdain ce qui m'authorisoit,
L'Amour pensoit le dire, & le sang le disoit,
Et de ma passion la flatteuse imposture
S'emparoit dans mon cœur des droits de la nature.

MARTIAN croyant estre Heraclius.

Ah, ma sœur! (puisqu'enfin mon destin esclaircy
Veut que ie m'accoustume à vous nommer ainsi)
Qu'aysément l'amitié iusqu'à l'amour nous méne!
C'est vn penchant si doux qu'on y tombe sans peine,
Mais quand il faut changer l'amour en amitié,
Que l'ame qui s'y force est digne de pitié,
Et qu'on doit plaindre vn cœur qui n'osant s'en defendre
Se laisse déchirer auant que de se rendre!
Ainsi donc la nature à l'espoir le plus doux
Fait succeder l'horreur! & l'horreur d'estre à vous!
Ce que ie suis m'arrache à ce que i'aymois d'estre!
Ah, s'il m'estoit permis de ne me pas cognoistre,

G

HERACLIVS

Qu'vn si charmant abus seroit à préferer
A l'aspre verité qui me vient d'esclairer!

PVLCHERIE.

J'eus pour vous trop d'amour pour ignorer ses forces,
Ie sçay quelle amertume aigrit de tels diuorces,
Et la haine à mon gré les fait plus doucement
Que quand il faut aymer, mais aymer autrement.
J'ay senty comme vous vne douleur bien viue
En brisant les beaux fers qui me tenoient captiue :
Mais i'en condamnerois le plus doux souuenir
S'il auoit à mon cœur cousté plus d'vn souspir.
Ce grand coup m'a surprise, & ne m'a point troublée,
Mon ame l'a receu sans en estre accablée,
Et comme tous mes feux n'auoient rien que de saint,
L'honneur les alluma, le deuoir les esteint,
Ie ne voy plus d'amant où ie rencontre vn frere,
L'vn ne me peut toucher, ny l'autre me déplaire,
Et ie tiendray tousiours mon bonheur infiny
Si les miens sont vangez, & le tyran puny.
Vous, que va sur le trosne esleuer la naissance,
Regnez sur vostre cœur auant que sur Byzance,
Et domptant comme moy ce dangereux mutin,
Commencez à respondre à ce noble destin.

TRAGEDIE.

MARTIAN croyant estre Heraclius.

Vous qui fustes tousiours l'illustre Pulcherie,
En fille d'Empereur dés le berceau nourrie,
Ce grand nom sans merueille a pû vous enseigner
Comme dessus vous mesme il vous falloit regner :
Mais pour moy, qui caché sous vne autre auanture
D'vne ame plus commune ay pris quelque teinture,
Il n'est pas merueilleux si ce que ie me creus
Mesle vn peu de Leonce au cœur d'Heraclius.
A cette indignité soyez donc moins seuere,
C'est Leonce qui parle, & non pas vostre frere :
Mais si l'vn parle mal, l'autre va bien agir,
Et l'vn ny l'autre enfin ne vous fera rougir.
Ie vay des conjurez embrasser l'entreprise,
Puisqu'vne ame si haute à frapper m'authorise,
Et sient que pour respandre vn si coupable sang
L'assassinat est noble & digne de mon rang.
Pourray-ie cependant vous faire vne priere ?

PVLCHERIE.

Prenez sur Pulcherie vne puissance entiere.

MARTIAN croyant estre Heraclius.

Puisqu'vn amant si cher ne peut plus estre à vous,
Ny vous, mettre l'Empire en la main d'vn espoux ;

G ij

HERACLIVS

Espousez Martian comme vn autre moy-mesme,
Ne pouuant estre à moy, soyez à ce que i'ayme.

PVLCHERIE.

Ne pouuant estre à vous, ie pourrois iustement
Vouloir n'estre à personne & fuir tout autre amant:
Mais on pourroit nommer cette fermeté d'ame
Vn reste mal esteint d'incestueuse flame.
Afin donc qu'à ce choix j'ose tout accorder,
Soyez mon Empereur pour me le commander.
Martian vaut beaucoup, sa personne m'est chere,
Mais purgez sa vertu des crimes de son pere,
Et donnez à mes feux pour legitime objet
Dans le fils d'vn tyran vostre premier sujet.

MARTIAN croyant estre Heraclius.

Vous le voyez, i'y cours, mais enfin s'il arriue
Que pour mieux l'asseurer l'issuë en soit tardiue,
Vostre perte est jurée, & mesme nos amis
Au tyran immolé voudront joindre son fils.
Sauuez d'vn tel peril & sa vie, & la vostre,
Par cét heureux Hymen conseruez l'vn & l'autre,
Garantissez ma sœur des fureurs de Phocas,
Et mon amy de suiure vn tel pere au trespas:

TRAGEDIE.

Faites qu'en l'immolant la troupe d'Exupere
Dans le fils d'vn tyran respecte mon beau-frere,
Donnez-luy cette ioye afin de l'esblouyr,
Seure qu'il n'en aura qu'vn moment à iouyr.

PVLCHERIE.

Mais durant ce moment vnie à sa famille
Il deuiendra mon pere, & ie seray sa fille;
Ie luy deuray respect, amour, fidelité,
Ma haine n'aura plus d'impetuosité,
Et tous mes vœux pour vous seront mols & timides
Quand mes vœux contre luy seront des parricides.
Outre que le succez est encore à douter,
Que l'on peut vous trahir, qu'il peut vous resister:
Si vous y succombez, pourray-ie me desdire
D'auoir porté chez luy les tiltres de l'Empire?
Ah! combien ce moment dequoy vous me flattez,
Alors pour mon supplice auroit d'eternitez!
Vostre haine voit peu l'erreur de sa tendresse,
Comme elle vient de naistre elle n'est que foiblesse,
La mienne a plus de force & les yeux mieux ouuerts,
Et deust auecque moy perir tout l'Vniuers,
Iamais vn seul moment, quoy que l'on puisse faire,
Le tyran n'aura droit de me traiter de pere,

HERACLIVS

Ie ne refuse au fils ny mon cœur, ny ma foy,
Vous l'aymez, ie l'estime, il est digne de moy,
Tout son crime est vn pere à qui le sang l'attache,
Quand il n'en aura plus il n'aura plus de tache,
Et cette mort propice à former ces beaux nœuds
Purifiant l'objet iustifiera mes feux.
Allez donc preparer cette heureuse journée,
Et du sang du Tyran signez cét Hymenée.
Mais quel mauuais Démon deuers nous le conduit.

MARTIAN croyant estre Heraclius.

Ie suis trahy, Madame, Exupere le suit.

TRAGEDIE.

SCENE II.

PHOCAS, EXVPERE, AMINTAS, MARTIAN croyant estre Heraclius, PVLCHERIE, CRISPE.

PHOCAS.

Qvel est vostre entretien auec cette Princesse?
Des nopces que ie veux?

MARTIAN croyant estre Heraclius.

C'est dequoy ie la presse.

PHOCAS.

Et vous l'auez gaignée en faueur de mon fils?

MARTIAN croyant estre Heraclius.

Il sera son espoux, elle me l'a promis.

PHOCAS.

C'est beaucoup obtenu d'une ame si rebelle.
Mais quand?

MARTIAN croyant estre Heraclius.

C'est vn secret que ie n'ay pas sceu d'elle.

PHOCAS.

Dites m'en donc vn autre, On me vient d'asseurer
Qu'Heraclius à vous vient de se declarer,
Si vous aymez mon fils, faites-le moy cognoistre.

MARTIAN croyant estre Heraclius.

Vous le cognoissez trop, puisque ie voy ce traistre.

EXVPERE.

Ie sers mon Empereur, & ie sçay mon deuoir.

MARTIAN croyant estre Heraclius.

Chacun te l'aduoüera, tu le fais assez voir.

PHOCAS.

De grace, esclaircissez ce que ie vous propose,
Ce billet à demy m'en dit bien quelque chose,
Mais, Leonce, c'est peu si vous ne l'acheuez.

MARTIAN

TRAGEDIE. 57

MARTIAN croyant estre Heraclius.

Nommez-moy par mon nom puisque vous le sçauez,
Dites Heraclius, il n'est plus de Leonce,
Et i'entens mon Arrest sans qu'on me le prononce.

PHOCAS.

Tu peux bien t'y resoudre apres ton vain effort,
Pour m'arracher le sceptre, & conspirer ma mort.

MARTIAN croyant estre Heraclius.

I'ay fait ce que i'ay deu, viure sous ta puissance
C'eust esté démentir mon nom & ma naissance,
Et ne point escouter le sang de mes parents
Qui ne crie en mon cœur que la mort des tyrans.
Quiconque pour l'Empire eut la gloire de naistre
Renonce à cet honneur s'il peut souffrir vn maistre,
Hors le trosne ou la mort il doit tout dédaigner,
C'est vn lasche s'il n'ose ou se perdre, ou regner.
I'entens donc mon Arrest sans qu'on me le prononce,
Heraclius mourra comme a vescu Leonce,
Bon sujet, meilleur Prince, & ma vie & ma mort
Rempliront dignement & l'un & l'autre sort.
La mort n'a rien d'affreux pour vne ame bien née,
A mes costez pour toy ie l'ay cent fois traisnée,

H

HERACLIVS

Et mon dernier exploit contre tes ennemis
Fut d'arrester son bras qui tomboit sur ton fils.

PHOCAS.

Tu prends pour me toucher vn mauuais artifice,
Heraclius n'eut point de part à ce seruice,
I'en ay payé Leonce, à qui seul estoit deu
L'inestimable honneur de me l'auoir rendu.
Mais s'il sauua le fils, par vn effet contraire
Le traistre Heraclius attente sur le pere,
Et le desaduoüant d'vn aueugle secours
Si tost qu'il se cognoist il en veut à mes iours.
Ie te deuois sa vie, & ie me dois iustice,
Leonce est effacé par le fils de Maurice,
Contre vn tel attentat rien n'est à balancer,
Et ie sçauray punir comme recompenser.

MARTIAN croyant estre Heraclius.

Ie sçay trop qu'vn tyran est sans recognoissance
Pour en auoir conceu la honteuse esperance,
Et suis trop au dessus de cette indignité
Pour te vouloir picquer de generosité.
Que ferois-tu pour moy de me laisser la vie,
Si pour moy sans le trosne elle n'est qu'infamie?

TRAGEDIE

Heraclius viuroit pour te faire la Cour?
Rends-luy, rends-luy son sceptre, ou priue-le du iour,
Pour ton propre interest sois iuge incorruptible,
Ta vie auec la sienne est trop incompatible,
Vn si grand ennemy ne peut estre gaigné,
Et ie te punirois de m'auoir espargné.
Si de ton fils sauué i'ay rappelé l'image,
I'ay voulu de Leonce estaler le courage,
Afin qu'en le voyant tu ne doutasses plus
Iusques où doit aller celuy d'Heraclius.
Je me tiens plus heureux de perir en Monarque,
Que de viure en esclat sans en porter la marque;
Et puisque pour jouyr d'vn si glorieux sort
Ie n'ay que ce moment qu'on destine à ma mort,
Ie la rendray si belle, & si digne d'enuie,
Que ce moment vaudra la plus illustre vie.
M'y faisant donc conduire asseure ton pouuoir,
Et deliure mes yeux de l'horreur de te voir.

PHOCAS.

Nous verrons ta vertu. Crispe, qu'on me l'emméne,
Tenez-le prisonnier dans la chambre prochaine,
Qu'on l'y garde auec soin, iusqu'à ce que mon choix
Pour punir son forfait vous donne d'autres loix.

H ij

HERACLIVS.

MARTIAN croyant estre Heraclius, à Pulcherie.

Adieu, Madame, Adieu. Ie n'ay pû dauantage,
Ma mort vous va laisser encor dans l'esclauage,
Le Ciel par d'autres mains vous en daigne affranchir.

SCENE III.

PHOCAS, PVLCHERIE, EXVPERE, AMINTAS.

PHOCAS.

ET toy, n'espere pas desormais me fléchir,
Ie tiens Heraclius, & n'ay plus rien à craindre,
Plus lieu de te flatter, plus lieu de me contraindre,
Ce frere & ton espoir vont entrer au cercueil,
Et t'abatray d'vn coup sa teste & ton orgueil.
Mais ne te contrains point dans ces rudes alarmes,
Laisse aller tes souspirs, laisse couler tes larmes.

TRAGEDIE.
PVLCHERIE.

Moy pleurer! moy gemir! tyran, i'aurois pleuré
Si quelques laschetez l'auoient deshonoré,
S'il n'eust pas emporté sa gloire toute entiere,
S'il m'auoit fait rougir par la moindre priere,
Si quelque infame espoir qu'on luy deust pardonner
Eust merité la mort que tu luy vas donner.
Sa vertu iusqu'au bout ne s'est point démentie,
Il n'a point pris le Ciel, ny le sort à partie,
Point querellé le bras qui fait ces lasches coups,
Point daigné contre luy perdre vn iuste couroux.
Sans te nommer ingrat, sans trop le nommer traistre,
De tous deux, de soy-mesme il s'est monstré le maistre,
Et dans cette surprise il a bien sçeu courir
A la necessité qu'il voyoit de mourir.
Ie goustois cette ioye en vn sort si contraire,
Ie l'aymay comme amant, ie l'ayme comme frere,
Et dans ce grand reuers ie l'ay veu hautement
Digne d'estre mon frere, & d'estre mon amant.

PHOCAS.

Explique, explique mieux le fonds de ta pensée,
Et sans plus te parer d'vne vertu forcée,

Pour appaiser le pere offre le cœur au fils,
Et tasche à rachepter ce cher frere à ce prix.

PVLCHERIE.

Crois-tu que sur la foy de tes fausses promesses
Mon ame ose descendre à de telles bassesses ?
Pren mon sang pour le sien ; mais s'il y faut mon cœur,
Perisse Heraclius auec sa triste sœur.

PHOCAS.

Et bien, il va perir, ta haine en est complice.

PVLCHERIE.

Et ie verray du Ciel bien-tost choir ton supplice.
Dieu pour le reseruer à ses puissantes mains
Fait auorter exprés tous les moyens humains,
Il veut frapper le coup sans nostre ministere.
Si l'on t'a bien donné Leonce pour mon frere,
Les quatre autres peut-estre à tes yeux abusez,
Ont esté comme luy des Cesars supposez.
L'Estat qui dans leur mort voyoit trop sa ruine
Auoit des genereux autres que Leontine,
Ils trompoient d'vn barbare ayséement la fureur
Qui n'auoit iamais veu la Cour, ny l'Empereur.

TRAGEDIE

Crains tyran, crains encor, tous les quatre peut-estre
L'vn apres l'autre enfin se vont faire paroistre,
Et malgré tous tes soins, malgré tout ton effort,
Tu ne les cognoistras qu'en receuant la mort.
Moy-mesme à leur defaut ie seray la conqueste
De quiconque à mes pieds apportera ta teste,
L'esclaue le plus vil qu'on puisse imaginer
Sera digne de moy s'il peut t'assassiner.
Va perdre Heraclius, & quitte la pensée
Que ie me pare icy d'vne vertu forcée,
Et sans m'importuner de respondre à tes vœux,
Si tu penses regner, deffay-toy de tous deux.

SCENE IV.

PHOCAS, EXVPERE AMINTAS.

PHOCAS.

I'Escoute auec plaisir ces menaces friuoles,
Ie ris d'vn desespoir qui n'a que des paroles,

Et de quelque façon qu'elle m'ose outrager
Le sang d'Heraclius m'en doit assez vanger.
Vous donc, mes vrays amis, qui me tirez de peine,
Vous dont ie voy l'amour quand i'en craignois la haine,
Vous qui m'auez liuré mon secret ennemy,
Ne soyez point vers moy fidelles à demy,
Resoluez auec moy des moyens de sa perte,
La ferons nous secrette, ou bien à force ouuerte?
Prendrons nous le plus seur, ou le plus glorieux?

EXVPERE.

Seigneur, n'en doutez point, le plus seur vaut le mieux:
Mais le plus seur pour vous est que sa mort esclatte,
De peur qu'en l'ignorant le peuple ne se flatte,
N'attende encor ce Prince, & n'ait quelque raison
De courir en aueugle à qui prendra son nom.

PHOCAS.

Donc pour oster tout doute à cette populace
Nous enuoyerons sa teste au milieu de la place.

EXVPERE.

Mais si vous la coupez dedans vostre Palais
Ces obstinez mutins ne le croiront iamais,

Et sans

TRAGEDIE.

Et sans que pas vn d'eux à son erreur renonce,
Ils diront qu'on impute vn faux nom à Leonce,
Qu'on en fait vn fantosme afin de les tromper,
Prests à suiure tousiours qui voudra l'vsurper.

PHOCAS.

Lors nous leur ferons voir ce billet de Maurice.

EXVPERE

Ils le tiendront pour faux & pour vn artifice,
Seigneur, apres vingt ans vous esperez en vain
Que ce peuple ait des yeux pour cognoistre sa main,
Si vous voulez calmer toute cette tempeste,
Il faut en pleine place abatre cette teste,
Et qu'il die en mourant à ce peuple confus,
Peuple, n'en doute point, ie suis Heraclius.

PHOCAS.

Ie voy bien qu'il le faut, & desia ie destine
L'immolant en public d'y joindre Leontine,
Mais si ces insolents l'arrachent de nos mains ?

EXVPERE

Qui l'osera, Seigneur ?

I

HERACLIVS

PHOCAS.

Ce peuple que ie crains.

EXVPERE.

Ah, souuenez-vous mieux des desordres qu'enfante
Dans vn peuple sans Chef la premiere espouuante.
Le seul bruit de ce Prince au Palais arresté
Dispersera soudain chacun de son costé,
Les plus audacieux craindront vostre iustice,
Et le reste en tremblant ira voir son supplice,
Mais ne leur donnez pas, tardant trop à punir,
Le temps de se remettre & de se réünir,
Enuoyez des soldats à chaque coin des ruës,
Saisissez l'Hippodrome auec ses auenuës,
Dans tous les lieux publics rendez-vous le plus fort :
Pour nous, qu'vn tel indice interesse à sa mort,
De peur que d'autres mains ne se laissent seduire,
Iusques à l'eschaffaut laissez-le-nous conduire,
Nous aurons trop d'amis pour en venir à bout,
I'en respons sur ma teste, & i'auray l'œil à tout.

PHOCAS.

C'en est trop, Exupere, allez, ie m'abandonne
Aux fidelles conseils que vostre ardeur me donne,

TRAGEDIE

C'est l'vnique moyen de dompter nos mutins,
Et d'esteindre à iamais ces troubles intestins.
Ie vay sans differer pour cette grande affaire
Donner à tous mes Chefs vn ordre necessaire:
Vous, pour respondre aux soins que vous m'auez promis
Allez de vostre part assembler vos amis,
Et croyez qu'apres moy, iusqu'à ce que j'expire,
Ils seront eux & vous, les maistres de l'Empire.

SCENE V.
EXVPERE, AMINTAS.
EXVPERE.

Nous sommes en faueur, amy, tout est à nous,
L'heur de nostre destin va faire des jaloux.

AMINTAS.

Quelque allegresse icy que vous faciez paroistre
Trouuez-vous doux les noms de perfide & de traistre?

I ij

HERACLIVS

EXVPERE.

Ie sçay qu'aux genereux ils doiuent faire horreur,
Ils m'ont frappé l'oreille, ils m'ont blessé le cœur,
Mais bien-tost par l'effet que nous deuons attendre
Nous serons en estat de ne les plus entendre.
Allons, pour vn moment qu'il les faut endurer
Ne fuyons pas les biens qu'ils nous font esperer.

Fin du troisiesme Acte.

TRAGEDIE

ACTE IV.

SCENE PREMIERE.

HERACLIVS, EVDOXE.

HERACLIVS.

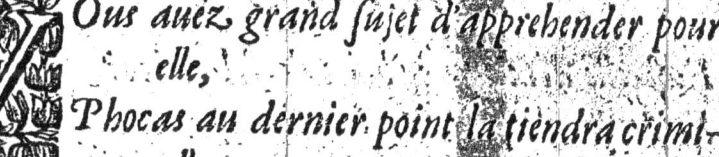

Ous auez grand sujet d'apprehender pour
  elle,
Phocas au dernier point la tiendra crimi-
  nelle,
Et ie le cognois mal, ou s'il la peut trouuer,
Il n'est moyen humain qui puisse la sauuer.
Je vous plains, chere Eudoxe, & non pas vostre
  mere,
Elle a bien merité ce qu'a fait Exupere,
Il trahit iustement qui me vouloit trahir.

EVDOXE.

Vous croyez qu'à ce point elle ait pû vous haïr!
Vous pour qui son amour a forcé la nature!

HERACLIVS.

Comment voulez-vous donc nommer son imposture?
M'empescher d'entreprendre, & par vn faux rapport
Confondre en Martian & mon nom & mon sort,
Abuser d'vn billet que le hazard luy donne,
Attacher de sa main mes droits à sa personne,
Et le mettre en estat dessous sa bonne foy
De regner en ma place, ou de perir pour moy,
Madame, est-ce en effet me rendre vn grand seruice?

EVDOXE.

Eust-elle démenty ce billet de Maurice?
Et l'eust-elle pû faire, à moins que reueler
Ce que sur tout alors il luy faloit celer?
Quand Martian par là n'eust pas cognu son pere,
C'estoit vous hazarder sur la foy d'Exupere;
Elle en doutoit, Seigneur, & par l'euenement
Vous voyez que son zele en doutoit iustement.
Seure en soy des moyens de vous rendre l'Empire
Qu'à vous-mesme iamais elle n'a voulu dire,

TRAGEDIE.

Elle a sur Martian tourné le coup fatal
De l'espreuue d'vn cœur qu'elle cognoissoit mal.
Seigneur, où seriez-vous sans ce nouueau seruice?

HERACLIVS.

Qu'importe qui des deux on destine au supplice?
Qu'importe, Martian, veu ce que ie te doy,
Qui trahisse mon sort d'Exupere, ou de moy?
Si l'on ne me descouure il faut que ie m'expose,
Et l'vn & l'autre enfin n'est que la mesme chose,
Sinon, qu'estant trahy ie mourrois malheureux,
Et que m'offrant pour toy ie mourray genereux.

EVDOXE.

Quoy! pour desabuser vne aueugle furie,
Rompre vostre destin, & donner vostre vie!

HERACLIVS.

Vous estes plus aueugle encor en vostre amour,
Perira-t'il pour moy quand ie luy dois le iour,
Et lors que sous mon nom il se liure à sa perte
Tiendray-ie sous le sien ma fortune couuerte?
Encore si c'estoit pour le faire Empereur,
Ie pourrois luy laisser mon nom, & son erreur.

Mais conniuer en lâche à ce nom qu'on me vole
Quand son pere à mes yeux au lieu de moy l'immole,
Souffrir qu'il se trahisse aux rigueurs de mon sort!
Viure par ton supplice & regner par sa mort!

EVDOXE.

Ah! ce n'est pas, Seigneur, ce que ie vous demande,
De cette lâcheté l'infamie est trop grande:
Monstrez vous pour sauuer ce Heros du trespas,
Mais monstrez vous en maistre & ne vous perdez pas.
Rallumez cette ardeur où s'opposoit ma mere,
Garantissez le fils par la perte du pere,
Et prenant à l'Empire vn chemin esclattant
Monstrez Heraclius au peuple qui l'attend.

HERACLIVS.

Il n'est plus temps, Madame, vn autre a pris ma place,
Sa prison a rendu le peuple tout de glace,
Desia preoccupé d'vn autre Heraclius,
Dans l'effroy qui le trouble il ne me croira plus,
Et ne me regardant que comme vn fils perfide
Il aura de l'horreur de suiure vn parricide.
Mais quand mesme il voudroit seconder mes desseins,
Le tyran tient desia Martian en ses mains,

S'il

TRAGEDIE.

S'il voit qu'en sa faueur ie marche à force ouuerte,
Piqué de ma reuolte, il hastera sa perte,
Et croira qu'en m'ostant l'espoir de le sauuer
Il m'ostera l'ardeur qui me fait sousleuer.
N'en parlons plus, en vain vostre amour me retarde,
Le sort d'Heraclius tout entier me regarde,
Soit qu'il faille regner, soit qu'il faille perir,
Au tombeau comme au trône on me verra courir.
Mais voicy le tyran & son traistre Exupere.

SCENE II.

PHOCAS, HERACLIVS
creu Martian, **EXVPERE,**
EVDOXE, Troupe de Gardes.

PHOCAS monstrant Eudoxe à ses Gardes.

QV'on la mène en prison en attendant sa mere.

K

HERACLIVS

HERACLIVS creu Martian.

A-t'elle quelque part....

PHOCAS.

Nous verrons à loisir,
Il est bon cependant de la faire saisir.

EVDOXE s'en allant.

Seigneur, ne croyez rien de ce qu'il vous va dire.

PHOCAS à Eudoxe.

Ie croiray ce qu'il faut pour le bien de l'Empire.
à Hera-
clius. Ses pleurs pour ce coupable imploroient ta pitié?

HERACLIVS creu Martian.

Seigneur...

PHOCAS.

Ie sçay pour luy quelle est ton amitié,
Mais ie veux que toy-mesme ayant bien veu son crime
Tiennes ton zele injuste & sa mort legitime.
Qu'on le face venir. Pour en tirer l'adueu,
Il ne sera besoin ny du fer, ny du feu,

TRAGEDIE

Loin de s'en repentir l'orgueilleux en fait gloire.
Mais que me diras-tu qu'il ne me faut pas croire ?
Eudoxe m'en conjure, & l'aduis me surprend.
Aurois-tu découuert quelque crime plus grand ?

HERACLIVS creu Martian.

Ouy, sa mere a plus fait contre vostre seruice
Que ne sçait Exupere, & que n'a veu Maurice.

PHOCAS.

La perfide ! ce iour luy sera le dernier,
Parle.

HERACLIVS creu Martian.

I'acheueray deuant le prisonnier,
Trouuez bon qu'vn secret d'vne telle importance,
Puisque vous le mandez, s'explique en sa presence.

PHOCAS.

Le voicy, mais sur tous ne me dy rien pour luy.

HERACLIVS

SCENE III.

PHOCAS, **HERACLIVS** creu Martian, **MARTIAN** croyant estre Heraclius, **EXVPERE**, Troupe de Gardes.

HERACLIVS creu Martian.

IE sçay qu'en ma prière il auroit peu d'appuy,
Et loing de me donner vne inutile peine,
Tout ce que ie demande à vostre iuste hayne,
C'est que de tels forfaits ne soient pas impunis.
Perdez Heraclius, & sauuez vostre fils.
Voilà tout mon soûhait, & toute ma priere,
M'en refuserez-vous ?

PHOCAS.

Tu l'obtiendras entiere,
Ton salut en effet est douteux sans sa mort.

TRAGEDIE. 77

MARTIAN croyant estre Heraclius.

Ah Prince, i'y courois sans me plaindre du sort,
Son indigne rigueur n'est pas ce qui me touche;
Mais en ouyr l'Arrest sortir de vostre bouche,
Ie vous ay mal cognu iusques à mon trespas.

HERACLIVS creu Martian.

Et mesme en ce moment tu ne me cognois pas.
Escoute, pere aueugle, & toy, Prince credule,
Ce que l'honneur deffend que plus ie dissimule.
Phocas, cognoy ton sang, & tes vrays ennemis.
Ie suis Heraclius, & Leonce est ton fils.

MARTIAN croyant estre Heraclius.

Seigneur, que dites-vous?

HERACLIVS.

     Que ie ne puis plus taire
Que deux fois Leontine osa tromper ton pere,
Et semant de nos noms vn insensible abus
Fit vn faux Martian du ieune Heraclius.

PHOCAS.

Maurice te dément, lâche, tu n'as qu'à lire.

HERACLIVS

Sous le nom de Leonce Heraclius respire,
Tu fais apres cela des contes superflus.

HERACLIVS.

Si ce billet fut vray, Seigneur, il ne l'est plus,
I'estois Leonce alors, & i'ay cessé de l'estre
Quand Maurice immolé n'en a pû rien cognoistre.
S'il laissa par escrit ce qu'il auoit pû voir,
Ce qui suiuit sa mort fut hors de son pouuoir.
Vous portastes soudain la guerre dans la Perse
Où vous eustes trois ans la fortune diuerse:
Cependant Leontine estant dans le Chasteau
Reyne de nos destins & de nostre berceau,
(Car, s'il vous en souuient, vostre femme estoit morte)
A l'Empire perdu me sceut r'ouurir la porte,
Prit Martian pour elle, & nous changea si bien
Que vous-mesme au retour vous n'y cogneustes rien,
Et ces informes traits qu'à six mois a l'enfance
Ayant mis entre nous fort peu de difference,
Le foible souuenir en trois ans s'en perdit,
Vous pristes aisément ce qu'elle vous rendit.
Nous vescumes tous deux sous le nom l'vn de l'autre,
Il passa pour son fils, ie passay pour le vostre,
Et ie n'ay pas iugé ce chemin criminel

TRAGEDIE. 79

Pour remonter sans mourire au trône paternel.
Mais voyant cette erreur fatale à cette vie
Sans qui desia la mienne auroit esté rauie,
Ie me croirois, Seigneur, coupable infiniment
Si ie souffrois encore vn tel aueuglement.
Ie viens reprendre vn nom qui seul a fait son crime,
Conseruez vostre hayne & changez de victime,
Ie ne demande rien que ce qui m'est promis,
Perdez Heraclius & sauuez vostre fils.

MARTIAN croyant estre Heraclius, à Phocas.

Admire de quel fils le Ciel t'a fait le pere,
Admire quel effort sa vertu vient de faire,
Tyran, & ne prens pas pour vne verité
Ce qu'inuente pour moy sa generosité.

à Heraclius.
C'est trop, Prince, c'est trop pour ce petit seruice
Dont honora mon bras ma fortune propice,
Ie vous sauuay la vie & ne la perdis pas,
Et pour moy vous cherchez vn asseuré trespas.
Ah! si vous m'en deuez quelque recognoissance,
Prince, ne m'ostez pas l'honneur de ma naissance,
Auoir tant de pitié d'vn sort si glorieux,
De crainte d'estre ingrat c'est m'estre injurieux.

HERACLIVS

PHOCAS.

En quel trouble me jette vne telle dispute,
A quels nouueaux malheurs m'expose-t'elle en bute,
Lequel croire, Exupere, & lequel démentir ?
Tombay-ie dans l'erreur, ou si i'en vay sortir ?
Si ce billet est vray, le reste est vray-semblable.

EXVPERE.

Mais qui sçait si ce reste est faux, ou veritable ?

PHOCAS.

Leontine deux fois a pû tromper Phocas.

EXVPERE.

Elle a pû les changer & ne les changer pas,
Et plus que vous, Seigneur, dedans l'inquietude
Ie ne voy que du trouble & de l'incertitude.

HERACLIVS.

Ce n'est pas d'aujourd'huy que ie sçay qui ie suis,
Vous voyez quels effets en ont esté produits ;
Depuis plus de quatre ans vous voyez quelle adresse
I'apporte à rejetter l'Hymen de la Princesse,

Où

TRAGEDIE

Où peut-estre aisément mon cœur eust consenty
Si Leontine alors ne m'en eust aduerty.

MARTIAN croyant estre Heraclius.

Leontine?

HERACLIVS.

Elle-mesme.

MARTIAN croyant estre Heraclius.

Ah Ciel! quelle est sa ruse!
Martian ayme Eudoxe, & sa mere l'abuse:
Par l'horreur d'un Hymen qu'il croit incestueux
De ce Prince à sa fille elle asseure les vœux,
Et son ambition adroite à le seduire
Le plonge en vne erreur dont elle attend l'Empire.
Ce n'est que d'aujourd'huy que ie sçay qui ie suis,
Mais de mon ignorance elle esperoit ces fruits,
Et me tiendroit encor la verité cachée,
Si tantost ce billet ne l'en eust arrachée.

PHOCAS à Exupere.

La meschante l'abuse aussi-bien que Phocas.

L

HERACLIVS

EXVPERE.

Fille a pû l'abuser & ne l'abuser pas.

PHOCAS.

Vois-tu pas que la fille a part au stratageme?

EXVPERE.

Ie voy trop qu'elle a pû l'abuser elle mesme.

PHOCAS.

Que de pensers diuers! que de soucys flottants!

EXVPERE.

Ie vous en tireray, Seigneur, dans peu de temps.

PHOCAS.

Dy-moy, tout est-il prest pour ce iuste supplice?

EXVPERE.

Ouy, si nous cognoissions le vray fils de Maurice.

HERACLIVS.

Pouuez-vous en douter apres ce que i'ay dit?

TRAGEDIE.

MARTIAN croyant estre Heraclius.

Donnez-vous au mensonge encor quelque credit?

HERACLIVS.

Amy, rends-moy mon nom, la faueur n'est pas grande,
Ce n'est que pour mourir que ie te le demande,
Repren ce triste iour que tu m'as racheté,
Ou rends-moy cet honneur que tu m'as presque osté.

MARTIAN croyant estre Heraclius.

Pourquoy de mon tyran volontaire victime
Vous faire malheureux pour me noircir d'vn crime?
Prince, qui que ie sois, i'ay conspiré sa mort,
Et nos noms au dessein donnent vn diuers sort:
Dedans Heraclius il a gloire solide,
Et dedans Martian il deuient parricide.
Puisqu'il faut que ie meure, illustre, ou criminel,
Couuert, ou de loüange, ou d'opprobre eternel,
Ne soüillez point ma mort, & ne vueillez pas faire
Du vangeur de l'Empire vn assassin d'vn pere.

HERACLIVS.

Mon nom seul est coupable, & sans plus disputer

L ij

HERACLIVS

Pour te faire innocent tu n'as qu'à le quitter,
Il conspira luy seul, tu n'en es point complice,
Ce n'est qu'Heraclius qu'on enuoye au supplice.
Sois son fils, tu viuras.

MARTIAN croyant estre Heraclius.

Si ie l'auois esté,
Seigneur, ce traistre en vain m'auroit sollicité,
Et lors que contre vn père il m'eust fait entreprendre,
La Nature en secret auroit sçeu m'en defendre.

HERACLIVS.

Apren donc qu'en secret mon cœur t'a préuenu,
I'ay voulu conspirer, mais on m'a retenu,
Et dedans mon peril Leontine timide....

MARTIAN croyant estre Heraclius.

N'a pû voir Martian commettre vn parricide.

HERACLIVS.

Toy que de Pulcherie elle a fait amoureux,
Juge sous les deux noms ton dessein & tes feux,
Elle a rendu pour toy l'vn & l'autre funeste,
Martian parricide, Heraclius inceste,

TRAGEDIE.

Et n'eust pas eu pour moy d'horreur d'vn grand forfait
Puisque dans ta personne elle en pressoit l'effet.
Mais pourquoy hazarder? pourquoy rien entreprendre,
Quand d'vne heureuse erreur ie deuois tout attendre?
C'estoit là sa raison, tout ce qui t'a seduit
T'exposoit aux perils pour m'en donner le fruit,
Et c'estoit ton succez qu'attendoit sa prudence
Pour découurir au peuple, ou cacher ma naissance.

PHOCAS.

Helas! ie ne puis voir qui des deux est mon fils,
Et ie voy que tous deux ils sont mes ennemis.
En ce piteux estat quel conseil dois-ie suiure?
I'ay craint vn ennemy, mon bon-heur me le liure,
Ie sçay que de mes mains il ne se peut sauuer,
Ie sçay que ie le vois & ne le puis trouuer.
La Nature tremblante, incertaine, estonnée,
D'vn nuage confus couure sa destinée,
L'assassin sous cette ombre eschappe à ma rigueur,
Et present à mes yeux il se cache en mon cœur.
Martian. A ce nom aucun ne veut respondre,
Et l'amour paternel ne sert qu'à me confondre,
Trop d'vn Heraclius en mes mains est remis,
Ie tiens mon ennemy, mais ie n'ay plus de fils.

HERACLIVS

Que veux-tu donc, Nature, & que pretens-tu faire?
Si ie n'ay plus de fils puis-ie encor estre pere?
Dequoy parle à mon cœur ton murmure imparfait?
Ne me dy rien du tout, ou parle tout à fait,
Qui que ce soit des deux que mon sang ait fait naistre,
Ou laisse-moy le perdre, ou fay-le-moy cognoistre.
 O toy, qui que tu sois, enfant dénaturé,
Et trop digne du sort que tu t'es procuré,
Mon trône est-il pour toy plus honteux qu'vn supplice?
O malheureux Phocas! ô trop heureux Maurice!
Tu recouures deux fils pour mourir apres toy,
Et ie n'en puis trouuer pour regner apres moy.
Qu'aux honneurs de ta mort ie dois porter enuie,
Puisque mon propre fils les prefere à sa vie!

TRAGEDIE.

SCENE IV.
PHOCAS, HERACLIVS, MARTIAN croyant estre Heraclius, CRISPE, EXVPERE, LEONTINE.

CRISPE à Phocas.

Seigneur, ma diligence enfin a reüssi,
I'ay trouué Leontine & ie l'améne icy.

PHOCAS à Leontine.

Approche, malheureuse.

HERACLIVS à Leontine.

Aduoüez tout, Madame,
I'ay tout dit.

LEONTINE à Heraclius.

Quoy, Seigneur?

HERACLIVS

PHOCAS.
Tu l'ignores, infame!
Qui des deux est mon fils?

LEONTINE.
Qui vous en fait douter?

HERACLIVS à Leontine.
Le nom d'Heraclius que son fils veut porter,
Il en croit ce billet & vostre tesmoignage,
Mais ne le laissez pas dans l'erreur dauantage.

PHOCAS.
N'atten pas les tourments, ne me desguise rien.
M'as-tu liuré ton fils? as-tu changé le mien?

LEONTINE.
Ie t'ay liuré mon fils, & i'en ayme la gloire.
Si ie parle du reste, oseras-tu m'en croire,
Et qui t'asseurera que pour Heraclius,
Si ie t'ay tant trompé, ie ne te trompe plus?

PHOCAS.
N'importe, fay-nous voir quelle haute prudence
En des temps si diuers leur en fait confidence,

A l'vn

TRAGEDIE.

A l'vn depuis quatre ans, à l'autre d'aujourd'huy.

LEONTINE.

Le secret n'en est sçeu ny de luy, ny de luy,
Tu n'en sçauras non plus les veritables causes:
Deuine, si tu peux, & choisy, si tu l'oses,
L'vn dés deux est ton fils, l'autre ton Empereur.
Tremble dans ton amour, tremble dans ta fureur.
Ie te veux tousiours voir, quoy que ta rage face,
Craindre ton ennemy dedans ta propre race,
Tousiours aymer ton fils dedans ton ennemy,
Sans estre ny tyran, ny pere qu'à demy.
Tandis qu'autour des deux tu perdras ton estude
Mon ame jouyra de ton inquietude,
Ie riray de ta peine, ou si tu m'en punis,
Tu perdras auec moy le secret de ton fils.

PHOCAS.

Et si ie les punis tous deux sans les cognoistre,
L'vn comme Heraclius, l'autre pour vouloir l'estre?

LEONTINE.

Ie m'en consoleray, quand ie verray Phocas
Croire affermir son sceptre en se coupant le bras,

M

HERACLIVS

Et de la mesme main son ordre tyrannique
Vanger Heraclius dessus son fils vnique.

PHOCAS.

Quelle recognoissance, ingrate, tu me rends
Des bien-faits respandus sur toy, sur tes parents,
De t'auoir confié ce fils que tu me caches,
D'auoir mis en tes mains ce cœur que tu m'arraches,
D'auoir mis à tes pieds ma Cour qui t'adoroit !
Rends-moy mon fils, ingrate.

LEONTINE.

                                 Il m'en desauoüeroit,
Et ce fils, quel qu'il soit, que tu ne peux cognoistre,
A le cœur assez bon pour ne vouloir pas l'estre.
Admire sa vertu qui trouble ton repos.
C'est du fils d'vn tyran que i'ay fait ce Heros,
Tant ce qu'il a receu de bonne pourriture
Dompte ce mauuais sang qu'il eut de la nature.
C'est assez dignement respondre à tes bien-faits
Que d'auoir dégagé ton fils de tes forfaits.
Seduit par ton exemple & par sa complaisance
Il t'auroit ressemblé, s'il eust sçeu sa naissance,
Il seroit lasche, impie, inhumain comme toy,
Et tu me dois ainsi plus que ie ne te doy.

TRAGEDIE.
EXVPERE

L'impudence & l'orgueil suiuent les impostures,
Ne vous exposez plus à ce torrent d'injures,
Qui ne faisant qu'aigrir vostre ressentiment
Vous donne peu de iour pour ce discernement.
Laissez-la-moy, Seigneur, quelques moments en garde,
Puisque i'ay commencé, le reste me regarde:
Malgré l'obscurité de son illusion
I'espere démesler cette confusion,
Vous sçauez à quel point l'affaire m'interesse.

PHOCAS.

Acheue, si tu peux, par force, ou par adresse,
Exupere, & sois seur que ie te deuray tout
Si l'ardeur de ton zele en peut venir à bout.
Ie sçauray cependant prendre à part l'vn & l'autre,
Et peut-estre qu'enfin nous trouuerons le nostre.
Agy de ton costé, ie la laisse auec toy,
Gesne, flatte, surpren. Vous autres, suiuez-moy.

M ij

SCENE V.
EXVPERE, LEONTINE.
EXVPERE.

ON ne peut nous entendre. Il est iuste, Madame,
Que ie vous ouure enfin iusqu'au fonds de mon ame.
C'est passer trop long-temps pour traistre auprés de vous,
Vous hayssez Phocas, nous le hayssons tous.

LEONTINE.

Ouy, c'est bien luy monstrer ta haine & ta colere
Que luy vendre ton Prince & le sang de ton pere.

EXVPERE.

L'apparence vous trompe, & ie suis en effet…

LEONTINE.

L'homme le plus meschant que la Nature ait fait.

TRAGEDIE.
EXVPERE.
Ce qui passe à vos yeux pour vne perfidie...
LEONTINE.
Cache vne intention fort noble & fort hardie!
EXVPERE.

Pouuez-vous en iuger puisque vous l'ignorez ?
Considerez l'estat de tous nos conjurez.
Il n'est aucun de nous dont ce tyran infame
N'ait immolé le pere, ou violé la femme,
Et nous en croyant tous dedans l'ame indignez
Il nous a iusqu'icy du Palais esloignez ;
Il y falloit rentrer par quelque grand seruice.

LEONTINE.
Et tu crois m'esblouyr auec cet artifice ?

EXVPERE.
Madame, aprenez tout. Ie n'ay rien hazardé,
Vous sçauez de quel nombre il est tousiours gardé ;
Pouuions-nous le surprendre, ou forcer les cohortes
Qui de iour & de nuit tiennent toutes ses portes ?

HERACLIVS

Pouuions-nous mieux sans bruit nous approcher de luy?
Vous voyez la posture où j'y suis aujourd'huy,
Il me parle, il m'escoute, il me croit, & luy-mesme
Se liure entre mes mains, aide à mon stratagéme.
C'est par mes seuls conseils qu'il veut publiquement
Du Prince Heraclius faire le chastiment.
Que sa milice esparse à chaque coin des ruës
A laissé du Palais les portes presque nuës,
Ie puis en vn moment m'y rendre le plus fort,
Mes amis sont tous prests, c'en est fait, il est mort,
Et j'vseray si bien de l'accez qu'il me donne
Qu'aux pieds d'Heraclius ie mettray sa couronne.
Mais apres mes desseins pleinement descouuerts,
De grace faites-moy cognoistre qui ie sers,
Et ne le cachez plus à ce cœur qui n'aspire
Qu'à le rendre aujourd'huy maistre de tout l'Empire.

LEONTINE.

Esprit lâche & grossier! quelle brutalité
Te fait iuger en moy tant de credulité?
Va, d'vn piege si lourd l'appas est inutile,
Traistre, & si tu n'as point de ruse plus subtile.

EXVPERE.

Ie vous dis vray, Madame, & vous diray de plus

TRAGEDIE

LEONTINE.

Ne me fay point icy de contes superflus,
L'effet à tes discours oste toute croyance.

EXVPERE.

Et bien, demeurez donc dans vostre deffiance,
Ie ne demande plus, & ne vous dis plus rien,
Gardez vostre secret, ie garderay le mien.
Puisque ie passe encor pour homme à vous seduire,
Venez dans la prison où ie vay vous conduire,
Si vous ne me croyez, craignez ce que ie puis,
Auant la fin du iour vous sçaurez qui ie suis.

Fin du quatriéme Acte.

HERACLIVS

ACTE V.

SCENE PREMIERE.

HERACLIVS.

Qvelle confusion estrange
De deux Princes fait vn meslange,
Qui met en discord deux amis!
Vn pere ne sçait où se prendre,
Et plus tous deux s'osent defendre
Du tiltre infame de son fils,
Plus eux-mesmes cessent d'entendre
Les secrets qu'on leur a commis.

Leontine auec tant de ruse
Ou me fauorise, ou m'abuse,
Qu'elle broüille tout nostre sort;

TRAGEDIE

Ce que i'en eus de cognoissance
Braue vne orgueilleuse puissance
Qui n'en croit pas mon vain effort,
Et ie doute de ma naissance
Quand on me refuse la mort.

Ce fier tyran qui me caresse
Monstre pour moy tant de tendresse
Que mon cœur s'en laisse alarmer:
Lors qu'il me prie & me conjure,
Son amitié paroist si pure,
Que ie ne sçaurois presumer,
Si c'est par instinct de nature,
Ou par coustume de m'aimer.

Dans cette croyance incertaine
I'ay pour luy des transports de haine
Que ie ne conserue pas bien;
Cette grace qu'il me veut faire
Estonne & trouble ma colere,
Et ie n'ose plus croire rien,
Quand ie trouue vn amour de pere
En celuy qui m'osta le mien.

Retien, grande ombre de Maurice,
Mon ame au bord du précipice
Que cette obscurité luy fait,
Et m'aide à faire mieux cognoistre
Qu'en ton fils Dieu n'a pas fait naistre
Un Prince à ce point imparfait,
Ou que ie meritois de l'estre,
Si ie ne le suis en effet.

Soustien ma hayne qui chancelle,
Et redoublant pour ta querelle
Cette noble ardeur de mourir,
Fay voir… mais il m'exauce, on vient me secourir.

SCENE II.

HERACLIVS, PVLCHERIE.

HERACLIVS.

O Ciel! quel bon démon deuers moy vous enuoye,
    Madame?

TRAGEDIE.

PVLCHERIE.

Le tyran qui veut que ie vous voye,
Et met tout en vsage afin de s'esclaircir.

HERACLIVS.

Par vous-mesme en ce trouble il pense reüssir?

PVLCHERIE.

Il le pense, Seigneur, & le brutal espere
Mieux qu'il ne trouue vn fils que ie découure vn frere,
Comme si i'estois fille à ne luy rien celer
De tout ce que le sang pourroit me reueler.

HERACLIVS.

Puisse-t'il par vn trait de lumiere plus belle
Vous le mieux reueler qu'il ne me le reuele.
Aydez-moy cependant, Madame, à repousser
Les indignes frayeurs dont ie me sens presser....

PVLCHERIE.

Ah, Prince, il ne faut point de plus belle lumiere,
Si vous craignez la mort vous n'estes point mon frere,
Ces indignes frayeurs vous ont trop descouuert.

HERACLIVS
HERACLIVS.

Moy, la craindre, Madame! Ah, ie m'y suis offert.
Qu'il me traite en tyran, qu'il m'enuoye au supplice,
Ie suis Heraclius, ie suis fils de Maurice,
Sous ces noms precieux ie cours m'enseuelir,
Et m'estonne si peu que ie l'en fais pâlir.
Mais il me traite en pere, il me flatte, il m'embrasse,
Ie n'en puis arracher vne seule menace,
I'ay beau faire & beau dire afin de l'irriter,
Il m'escoute si peu qu'il me force à douter;
Malgré moy comme fils tousiours il me regarde,
Au lieu d'estre en prison ie n'ay pas mesme vn garde,
Ie ne sçay qui ie suis, & crains de le sçauoir,
Ie veux ce que ie dois & cherche mon deuoir,
Ie crains de le haïr si i'en tiens la naissance,
Ie le plains de m'aimer si ie m'en dois vengeance,
Et mon cœur indigné d'vne telle amitié
En fremit de colere & tremble de pitié:
De tous ses mouuemens mon esprit se deffie,
Il condamne aussi-tost tout ce qu'il iustifie,
La colere, l'amour, la hayne, & le respect
Ne me presentent rien qui ne me soit suspect,
Ie crains tout, ie fuy tout, & dans cette aduanture
Des deux costez en vain j'escoute la nature.

TRAGEDIE.

Secourez donc vn frere en ces perplexitez.

PVLCHERIE.

Ah, vous ne l'estes point puisque vous en doutez,
Celuy qui comme vous pretend à cette gloire
D'vn courage plus ferme en croit ce qu'il doit croire ;
Comme vous on le flatte, il y sçait resister,
Rien ne le touche assez pour le faire douter,
Et le sang par vn double & secret artifice
Parle en vous pour Phocas, comme en luy pour Maurice.

HERACLIVS.

A ces marques en luy cognoissez Martian,
Il a le cœur plus dur estant fils d'vn tyran.
La generosité suit la belle naissance,
La pitié l'accompagne & la recognoissance,
Dans cette grandeur d'ame vn vray Prince affermy
Est sensible aux malheurs mesme d'vn ennemy :
Quelque hayne qu'il doiue, il ne se peut defendre,
Quand il se voit aymé, d'aymer & de le rendre,
Et trouue assez souuent son deuoir arresté
Par l'effort naturel de sa propre bonté.
Cette digne vertu de l'ame la mieux née,
Madame, ne doit pas soüiller ma destinée,

Je doute, & si ce doute a quelque crime en soy,
C'est assez m'en punir que douter comme moy,
Et mon cœur qui sans cesse en sa faueur se flatte
Cherche qui le sousticnne & non pas qui l'abatte,
Il demande secours pour mes sens estonnez,
Et non le coup mortel dont vous m'assassinez.

PVLCHERIE.

L'œil le mieux esclairé sur de telles matieres
Peut prendre de faux iours pour de viues lumieres,
Et comme nostre sexe ose assez promptement
Suiure l'impression d'vn premier mouuement,
Peut-estre qu'en faueur de ma premiere idée
Ma hayne pour Phocas m'a trop persuadée.
Son amour est pour vous vn poison dangereux,
Et quoy que la pitié monstre vn cœur genereux,
Celle qu'on a pour luy de ce rang degenere,
Vous le deuez hayr, & fut-il vostre pere,
Si ce tiltre est douteux, son crime ne l'est pas:
Qu'il vous offre sa grace, ou vous liure au trespas,
Il n'est pas moins tyran quand il vous fauorise,
Puisque c'est ce cœur mesme alors qu'il tyrannise,
Et que vostre deuoir par là mieux combatu,
Prince, met en peril iusqu'à vostre vertu.

TRAGEDIE.

Doutez, mais hayssez, & quoy qu'il execute
Ie douteray d'vn nom qu'vn autre vous dispute;
En douter lors qu'en moy vous cherchez quelque appuy
Si c'est trop peu pour vous, c'est assez contre luy.
L'vn de vous est mon frere, & l'autre y peut prètendre,
Entre tant de vertus mon choix se peut mesprendre,
Mais ie ne puis faillir dans vostre sort douteux
A cherir l'vn & l'autre & vous plaindre tous deux.
I'espere encor pourtant, on murmure, on menace,
Vn tumulte, dit-on, s'esleue dans la place,
Exupere est allé fondre sur ces mutins,
Et peut-estre de là dependent nos destins.
Mais Phocas entre.

HERACLIVS

SCENE V.

PHOCAS, HERACLIVS, MARTIAN croyant estre Heraclius, PVLCHERIE, Gardes.

PHOCAS.

Et bien, se rendra-t'il, Madame?

PVLCHERIE.

Quelque effort que ie fasse à lire dans son ame,
Ie n'en voy que l'effet que ie m'estois promis,
Ie trouue trop d'vn frere, & vous trop peu d'vn fils.

PHOCAS.

Ainsi le Ciel vous veut enrichir de ma perte.

PVLCHERIE.

Il tient en ma faueur leur naissance couuerte,

TRAGEDIE.

Ce frere qu'il me rend seroit desia perdu,
Si dedans vostre sang il ne l'eust confondu.

PHOCAS à Pulcherie.

Cette confusion peut perdre l'vn & l'autre.
En faueur de mon sang, ie feray grace au vostre,
Mais ie veux le cognoistre, & ce n'est qu'à ce prix
Qu'en luy donnant la vie il me rendra mon fils.
Pour la derniere fois, ingrat, ie t'en conjure,) à Heraclius.
Car enfin c'est vers toy que panche la nature,
Et ie n'ay point pour luy ces doux empressemens
Qui d'vn cœur paternel font les vrays mouuemens.
Ce cœur s'attache à toy par d'inuincibles charmes,
En crois-tu mes souspirs ? en croiras-tu mes larmes ?
Songe auec quel amour mes soins t'ont esleué,
Auec quelle valeur son bras t'a conserué,
Tu nous dois à tous deux....

HERACLIVS.

    Et pour recognoissance
Ie vous rends vostre fils, ie luy rends sa naissance.

PHOCAS.

Tu me l'ostes, cruel, & le laisses mourir.

O

HERACLIVS.

Ie meurs pour vous le rendre, & pour le secourir.

PHOCAS.

C'est me l'oster assez que ne vouloir plus l'estre.

HERACLIVS.

C'est vous le rendre assez que le faire cognoistre.

PHOCAS.

C'est me l'oster assez que me le supposer.

HERACLIVS.

C'est vous le rendre assez que vous desabuser.

PHOCAS.

Laisse-moy mon erreur puisqu'elle m'est si chere,
Ie t'adopte pour fils, accepte moy pour pere,
Fay viure Heraclius sous l'vn ou l'autre sort,
Pour moy, pour toy, pour luy fay-toy ce peu d'effort.

HERACLIVS.

Ah, c'en est trop enfin, & ma gloire blessée,

TRAGEDIE.

Despoüille vn vieux respect où ie l'auois forcée,
De quelle ignominie osez-vous me flatter ?
Toutes les fois, Seigneur, qu'on se laisse adopter,
Il faut que cette grace vn peu plus haut nous monte,
Qu'elle nous fasse honneur & non pas de la honte,
Et ce seroit vn monstre horrible à vos Estats
Que le fils de Maurice adopté par Phocas.

PHOCAS.

Va, cesse d'esperer la mort que tu merites,
Ce n'est que contre luy, lâche, que tu m'irrites,
Tu te veux rendre en vain indigne de ce rang,
Ie m'en prens à la cause & j'espargne mon sang.
Puisque ton amitié de ma foy se deffie
Iusqu'à prendre son nom pour luy sauuer la vie.
Soldats, sans plus tarder, qu'on l'immole à ses yeux,
Et sois apres sa mort mon fils, si tu le veux.

HERACLIVS.

Perfides, arrestez,

MARTIAN croyant estre Heraclius.

Ah, que voulez-vous faire,
Prince ?

O ij

HERACLIVS
HERACLIVS.

Sauuer le fils de la fureur du pere.

MARTIAN croyant estre Heraclius.

Conseruez-luy ce fils qu'il ne cherche qu'en vous,
Ne troublez point vn sort qui luy semble si doux,
C'est auec assez d'heur qu'Heraclius expire
Puisque c'est en vos mains que tombe son Empire.
Le Ciel daigne benir vostre sceptre & vos iours.

PHOCAS.

C'est trop perdre de temps à souffrir ces discours,
Dépesche, Octauian.

HERACLIVS.
N'attente rien, barbare.

Je suis.....

PHOCAS.

Aduoüe en fin.

HERACLIVS.
Ie tremble, ie m'égare,

Et mon cœur....

TRAGEDIE.

PHOCAS à Heraclius.

Tu pourras à loisir y penser.

Frappe.

HERACLIVS

Arreste, ie suis…. Puis-ie le prononcer!

PHOCAS

à Octauian.

Acheue, ou…

HERACLIVS

Ie suis donc, s'il faut que ie le die,
Ce qu'il faut que ie sois pour luy sauuer la vie.
Ouy, ie luy dois assez, Seigneur, quoy qu'il en soit,
Pour vous payer pour luy de l'amour qu'il vous doit,
Et ie vous la promets ferme, pleine, sincere,
Autant qu'Heraclius la rendroit à son pere,
I'accepte en sa faueur ses parents pour les miens;
Mais sçachez que vos iours me respondront des siens.
Vous me serez garand des hazards de la guerre,
Des ennemys secrets, de l'esclat du tonnerre,
Et de quelque façon que le couroux des Cieux
Me priue d'vn amy qui m'est si precieux,
Ie vangeray sur vous, & fussiez-vous mon pere,
Ce qu'aura fait sur luy leur indigne colere.

PHOCAS.

Ne crain rien, de tous deux ie feray mon appuy,
L'amour qu'il a pour toy m'asseure trop de luy,
Mon cœur pâme de joye, & mon ame n'aspire
Qu'à vous associer l'vn & l'autre à l'Empire.
I'ay retrouué mon fils ; mais sois-le tout à fait,
Et donne-m'en pour marque vn veritable effet,
Ne laisse plus de place à la supercherie,
Pour acheuer ma joye espouse Pulcherie.

HERACLIVS.

Seigneur, elle est ma sœur.

PHOCAS.

Tu n'es donc point mon fils,
Puisque si lâchement desia tu t'en desdis.

PVLCHERIE.

Qui te donne, tyran, vne attente si vaine ?
Quoy, son consentement estoufferoit ma haine ?
Pour l'auoir estonné tu m'aurois fait changer ?
I'aurois pour cette honte vn cœur assez leger ?
Ie pourrois espouser, ou ton fils, ou mon frere ?

TRAGEDIE.

SCENE IV.

PHOCAS, HERACLIVS, MARTIAN croyant estre Heraclius, PVLCHERIE, CRISPE, Gardes.

CRISPE.

SEigneur, vous deuez tout au grand cœur d'Exupere,
Il est l'vnique autheur de nos meilleurs destins,
Luy seul & ses amis ont dompté vos mutins,
Il a fait prisonniers leurs Chefs qu'il vous améne.

PHOCAS.

Dy luy qu'il me les garde en la salle prochaine,
Ie vay de leurs complots m'esclaircir auec eux.
Toy cependant, ingrat, sois mon fils si tu veux,
En l'estat où ie suis ie n'ay plus lieu de feindre,
Les mutins sont domptez & ie cesse de craindre.

*Crispe s['en]
va, & P[ho]
cas cont[inue]
à parler [à]
Heracli[us]*

HERACLIVS

Ie vous laisse tous trois. *à Pul-cherie.* Vse bien du moment,
Que ie prens pour en faire vn iuste chastiment,
Et si tu n'aymes mieux que l'vn & l'autre meure
Trouue, ou choisi mon fils, & l'espouse sur l'heure.
Autrement, si leur sort est encore douteux,
Ie iure à mon retour qu'ils periront tous deux.
Ie ne veux point d'vn fils qui tient ce nom à honte,
Que mon sang deshonore, & que mon trône affronte.
Toy......

PVLCHERIE.

Ne menace point, ie suis preste à mourir.

PHOCAS.

A mourir! iusques là ie te pourrois cherir!
N'espere pas de moy cette faueur supresme,
Et pense...

PVLCHERIE.

A quoy, Tyran?

PHOCAS.

A m'espouser moy-mesme,
Au milieu de leur sang à tes pieds respandu.

PVLCHERIE.

TRAGEDIE.
PVLCHERIE.

Quel supplice!

PHOCAS.

Il est grand pour toy, mais il t'est dû,
Tes mespris de la mort brauoient trop ma colere.
Il est en toy de perdre, ou de sauuer ton frere,
Et du moins, quelque erreur qui me puisse troubler,
I'ay trouué les moyens de te faire trembler.

SCENE V.

HERACLIVS, MARTIAN croyant estre Heraclius, PVLCHERIE.

PVLCHERIE.

LE lâche! il vous flattoit lors qu'il trembloit dans l'ame,
Mais tel est d'vn tyran le naturel infame,
Sa douceur n'a iamais qu'vn mouuement contraint,
S'il ne craint il opprime, & s'il n'opprime il craint,
L'vne & l'autre fortune en monstre la foiblesse,
L'vne n'est qu'insolence, & l'autre que bassesse.

P

HERACLIVS

A peine est-il sorty de ses lâches terreurs,
Qu'il a trouué pour moy le comble des horreurs.
Mes freres, puisqu'enfin vous voulez tous deux l'estre,
Si vous m'aymez en sœur, faites-le-moy paroistre.

HERACLIVS.

Que pouuons-nous tous deux quand on tranche nos iours?

PVLCHERIE.

Un genereux conseil est vn puissant secours.

MARTIAN croyant estre Heraclius.

Il n'est point de conseil qui vous soit salutaire
Que d'espouser le fils pour éuiter le pere,
L'horreur d'vn mal plus grand vous y doit disposer.

PVLCHERIE.

Qui me le monstrera si ie veux l'espouser?
Et dans cét Hymenée à ma gloire funeste
Qui me garantira des perils de l'inceste?

MARTIAN croyant estre Heraclius.

Ie le voy trop à craindre, & pour vous, & pour nous,
Mais, Madame, on peut prendre vn vain tiltre d'espoux,

TRAGEDIE.

Abuser du tyran la rage forcenée,
Et viure en frere & sœur sous vn feint Hymenée.

PVLCHERIE.

Feindre, & nous abaisser à cette lâcheté!

HERACLIVS.

Pour tromper vn tyran c'est generosité,
Et c'est mettre en faueur d'vn frere qu'il vous donne
Deux ennemis secrets auprés de sa personne,
Qui dans leur iuste hayne animez & constants
Sur l'ennemy commun sçauront prendre leur temps,
Et terminer bien-tost la feinte auec sa vie.

PVLCHERIE.

Pour conseruer vos iours & fuir mon infamie,
Feignons, vous le voulez, & j'y resiste en vain.
Sus donc, qui de vous deux me prestera la main?
Qui veut feindre auec moy? qui sera mon complice?

HERACLIVS.

Vous, Prince, à qui le Ciel inspire l'artifice.

MARTIAN croyant estre Heraclius.

Vous que veut le tyran pour fils obstinément.

P ij

HERACLIVS.
Vous qui depuis quatre ans la seruez en amant.

MARTIAN croyant estre Heraclius.
Vous sçaurez mieux que moy surprendre sa tendresse.

HERACLIVS.
Vous sçaurez mieux que moy la traiter de maistresse.

MARTIAN croyant estre Heraclius.
Vous auiez commencé tantost d'y consentir.

PVLCHERIE.
Ah, Princes, vostre cœur ne se peut démentir,
Et vous l'auez tous deux trop grand, trop magnanime
Pour souffrir sans horreur l'ombre mesme d'vn crime.
Ie vous cognoissois trop pour iuger autrement
Et de vostre conseil & de l'éuenement,
Et ie n'y deferois que pour vous voir dédire.
Toute fourbe est honteuse aux cœurs nez pour l'Empire,
Princes, attendons tout sans consentir à rien.

HERACLIVS.
Admirez cependant quel malheur est le mien.

TRAGEDIE.

L'obscure verité que de mon sang ie signe
Du grand nom qui me perd ne me peut rendre digne,
On n'en croit pas ma mort, & ie perds mon trespas
Puisque mourant pour luy ie ne le sauue pas.

MARTIAN croyant estre Heraclius.

Voyez d'autre costé quelle est ma destinée,
Madame, dans le cours d'vne seule journée
Ie suis Heraclius, Leonce, & Martian,
Ie sors d'vn Empereur, d'vn Tribun, d'vn Tyran,
De tous trois ce desordre en vn iour me fait naistre,
Pour me faire mourir enfin sans me cognoistre.

PVLCHERIE.

Cedez, cedez tous deux aux rigueurs de mon sort,
Il a fait contre vous vn violent effort,
Vostre malheur est grand, mais quoy qu'il en succede,
La mort qu'on me refuse en sera le remede,
Et moy… Mais que nous veut ce perfide ?

SCENE VI.

HERACLIVS, MARTIAN croyant estre Heraclius, PVLCHERIE, AMINTAS.

AMINTAS.

Mon bras
Vient de lauer ce nom dans le sang de Phocas.

HERACLIVS.

Que nous dis-tu ?

AMINTAS.

Qu'à tort vous nous prenez pour traistres,
Qu'il n'est plus de tyran, que vous estes les maistres.

HERACLIVS.

Dequoy ?

TRAGEDIE.
AMINTAS.
De tout l'Empire.

MARTIAN *croyant estre Heraclius.*
Et par toy?

AMINTAS.
Non, Seigneur,
Un autre en a la gloire, & i'ay part à l'honneur.

HERACLIVS.
Et quelle heureuse main finit nostre misere?

AMINTAS.
Princes, l'aurieʒ vous crû? c'est la main d'Exupere.

MARTIAN *croyant estre Heraclius.*
Luy qui me trahissoit?

AMINTAS.
C'est dequoy s'estonner,
Il ne vous trahissoit que pour vous couronner.

HERACLIVS.
N'a-t'il pas des mutins dissipé la furie?

HERACLIVS

AMINTAS.

Son ordre excitoit seul cette mutinerie.

MARTIAN croyant estre Heraclius.

Il en a pris les Chefs toutefois.

AMINTAS.

Admirez
Que ces prisonniers mesme auec luy conjurez
Sous cette illusion couroient à leur vangeance.
Tous dessous cette feinte estant d'intelligence,
Suiuis d'vn gros d'amis, de peuple, & de valets,
Nous passons librement les portes du Palais ;
La garde y restoit foible, & sans aucun ombrage,
Crispe mesme à Phocas porte nostre message,
Il vient, à ses genoux on met les prisonniers,
Qui tirent pour signal leurs poignards les premiers,
Le reste impatient dans sa noble colere
Enferme la victime, & soudain Exupere,
Qu'on arreste, dit-il, le premier coup m'est deu,
C'est luy qui me rendra l'honneur presque perdu.
Il frappe, & le tyran tombe aussi-tost sans vie,
Tant de nos mains la sienne est promptement suiuie :

Il

TRAGEDIE.

Il s'esleue vn grand bruit, & mille cris confus
Ne laissent discerner que VIVE HERACLIVS,
Nous saisissons la porte, & les gardes se rendent,
Mesmes cris aussi-tost de tous costez s'entendent;
Et de tant de soldats qui luy seruoient d'appuy
Phocas apres sa mort n'en a pas vn pour luy.

PVLCHERIE.

Quel chemin Exupere a pris pour sa ruine!

AMINTAS.

Le voicy qui s'aduance auecque Leontine.

SCENE VII.

HERACLIVS, MARTIAN croyant estre Heraclius, LEONTINE, PVLCHERIE, EVDOXE, EXVPERE, AMINTAS, Troupe.

HERACLIVS à Leontine.

Est-il dõc vray, Madame, & changeons-nous de sort?
Amintas nous fait-il vn fidelle rapport?

LEONTINE.

Seigneur, vn tel succez à peine est conceuable,
Et d'vn si grand dessein la conduite admirable...

HERACLIVS à Exupere.

Perfide genereux, haste toy d'embrasser
Deux Princes impuissants à te recompenser.

TRAGEDIE.

EXVPERE à Heraclius.

Seigneur, il me faut grace où de l'vn, où de l'autre,
I'ay respandu son sang si i'ay vangé le vostre.

MARTIAN croyant estre Heraclius.

Qui que ce soit des deux, il doit se consoler
De la mort d'vn tyran qui vouloit l'immoler.
Ie ne sçay quoy pourtant dans mon cœur en murmure.

HERACLIVS.

Peut-estre en vous par là s'expliqué la nature;
Mais Prince vostre sort n'en sera pas moins doux,
Si l'Empire est à moy, Pulcherie est à vous,
Puisque le pere est mort, le fils est digne d'elle.
Terminez donc, Madame, enfin nostre querelle. *à Leontine.*

LEONTINE.

Mon tesmoignage seul peut-il en decider?

MARTIAN croyant estre Heraclius.

Quelle autre seureté pourrions-nous demander?

LEONTINE.

Je vous puis estre encor suspecte d'artifice,

Q ij

HERACLIUS

Non, ne m'en croyez pas ; croyez l'Imperatrice,
Vous cognoissez sa main, Madame, & c'est à vous
Que ie remets le sort d'vn frere & d'vn espoux.
Voyez ce qu'en mourant me laissa vostre mere.

Pulche-luy dōnt vn let.

PVLCHERIE.

I'en baise en souspirant le sacré caractere.

LEONTINE.

Aprenez d'elle enfin quel sang vous a produits,
Princes.

HERACLIVS à Eudoxe.

Qui que ie sois, c'est à vous que ie suis.

PVLCHERIE lit.

Parmy tant de malheurs mon bonheur est estrange;
Apres auoir donné son fils au lieu du mien,
Leontine à mes yeux par vn second'eschange
Donne encore à Phocas mon fils au lieu du sien.

Vous qui pourrez douter d'vn si rare seruice,
Sçachez qu'elle a deux fois trompé nostre tyran;
Celuy qu'on croit Leonce est le vray Martian,
Et le faux Martian est vray fils de Maurice.

CONSTANTINE.

TRAGEDIE.

PVLCHERIE à Heraclius.

Ah, vous estes mon frere.

HERACLIVS à Pulcherie.

Et c'est heureusement
Que le trouble esclaircy vous rend à vostre amant.

LEONTINE à Heraclius.

Vous en sçauiez assez pour éuiter l'inceste,
Et non pas pour vous rendre vn tel secret funeste :
Mais pardonnez, Seigneur, à mon zèle parfait   à Marti
Ce que i'ay voulu faire, & ce qu'vn autre a fait.

MARTIAN.

Je ne m'oppose point à la commune joye,
Mais souffrez des souspirs que la nature enuoye,
Quoy que iamais Phocas n'ait merité d'amour
Vn fils ne peut moins rendre à qui l'a mis au iour,
Ce n'est pas tout d'vn coup qu'à ce tiltre on renonce.

HERACLIVS.

Donc pour mieux l'oublier soyez encor Leonce,
Sous ce nom glorieux aymez ses ennemis.

Et meure du tyran iusqu'au nom de son fils.
Eudoxe. Vous, Madame, acceptez & ma main & l'Empire,
En eschange d'vn cœur pour qui le mien souspire.

EVDOXE à Heraclius.

Seigneur, vous agissez en Prince genereux.

HERACLIVS à Exupere & Amintas.

Et vous, dont la vertu me rend ce trouble heureux,
Attendant les effets de ma recognoissance,
Recognoissons, amis, la celeste puissance,
Allons luy rendre grace, & d'vn esprit content
Monstrons Heraclius au peuple qui l'attend.

Fin du cinquiéme & dernier Acte.

PRIVILEGE DV ROY.

LOVIS par la grace de Dieu Roy de France & de Navarre: A nos amez & feaux Conseillers les gens tenans nos Cours de Parlement, Maistres des Requestes ordinaires de nostre Hostel, Preuosts de Paris, Baillifs, Seneschaux, leurs Lieutenans, & autres nos Iusticiers & Officiers qu'il appartiendra, Salut. Nostre bien amé Toussainct Quinet, Marchand Libraire & Imprimeur en nostre Ville de Paris, nous a fait remonstrer qu'il desireroit faire imprimer *Heraclius Tragedie du Sieur Corneille*; ce qu'il ne peut faire sans nostre permission, tres-humblement requerant nos lettres. A CES CAVSES desirant fauorablement traiter l'exposant, nous luy auons permis & octroyé, permettons & octroyons par ces presentes d'imprimer ou faire imprimer ledit liure, en tel volume, marge, caracteres, & autant de fois que bon luy semblera, iceluy vendre & distribuer par tout nostre Royaume pendant le temps de cinq années consecutiues, à commencer du iour qu'il sera acheué: Pendant lequel temps nous faisons tres-expresses deffences à tous Libraires & Imprimeurs, & autres personnes de quelque qualité & condition qu'ils soient, d'imprimer ou faire imprimer ladite Tragedie, icelle vendre & distribuer sans le consentement dudit exposant, ou ses ayans cause, sous pretexte d'augmentation, correction, changement de tiltre, volume, caractere, ou autrement, sur peine de confiscation des exemplaires contrefaits, amende arbitraire, despens, dommages & interests: A la charge d'en mettre deux exemplaires en nostre Biblioteque, & vne en celle de nostre tres-cher & feal le sieur Seguier Cheualier, Chancelier de France, à peine de nullité des presentes; du contenu desquelles vous mandons, & à chacun de vous enjoignons faire jouyr l'exposant, & ses ayans cause, plainement & paisiblement, cessant & faisant cesser tous troubles & empeschemens au contraire: Voulons aussi qu'en mettant au commencement ou à la fin de ladite piece, l'extrait des presentes, elles soient tenuës pour deuëment signifiées, & qu'aux copies collationnées par l'vn de nos amez & feaux Conseillers & Secretaires, foy y soit adjoustée comme à l'Original : CAR tel est nostre plaisir. DONNE' à Paris le dixseptiéme iour d'Auril 1647. Et de nostre Regne le quatriéme. Signé, Par le Roy en son Conseil, LE BRVN.

Et ledit Quinet a associé auec luy audit Priuilege, Antoine de Sommauille & Augustin Courbé aussi Marchands Libraires, suiuant l'accord fait entr'eux.

Acheué d'imprimer pour la premiere fois, le 28. de Iuin 1647.
Les Exemplaires ont esté fournis.